MINISTÉRIO
CRISTÃO
E ESPIRITUALIDADE

MINISTÉRIO CRISTÃO E ESPIRITUALIDADE

O desafio de viver de forma bíblica e relevante a vocação pastoral e missionária

Durvalina Bezerra

Copyright © 2022 por Durvalina Bezerra
Publicado por GodBooks Editora

Os pontos de vista desta obra são de responsabilidade dos autores e colaboradores diretos, não refletindo necessariamente a posição da GodBooks, da Thomas Nelson Brasil ou de suas equipes editoriais.

As citações bíblicas foram extraídas da versão Revista e Atualizada (RA), da Sociedade Bíblica do Brasil e da Nova Versão Internacional (NVI), publicada pela Sociedade Bíblica Internacional.

Todos os direitos reservados e protegidos pela Lei nº 9.610, de 19/2/1998.

É expressamente proibida a reprodução total ou parcial deste livro, por quaisquer meios (PDFs, eletrônicos, mecânicos, fotográficos, gravação e outros), sem prévia autorização, por escrito, da editora.

Edição	*Maurício Zágari*
Preparação	*Cristina Fernandes*
Revisão	*Eliana Moura Mattos*
Capa	*Luna Design*
Diagramação	*Luciana Di Iorio*

Catalogação na Publicação (CIP)
(BENITEZ Catalogação Ass. Editorial, MS, Brasil)

B469m   Bezerra, Durvalina
1.ed.   Ministério cristão e espiritualidade: o desafio de viver de forma bíblica
e relevante a vocação pastoral e missionária / Durvalina Bezerra. – 1.ed. – Rio de
Janeiro: Thomas Nelson Brasil, 2022.
192 p.; 13,5 x 20,8 cm.

ISBN: 978-65-56893-27-3

1. Bíblia – Ensinamentos. 2. Escrituras cristãs. 3. Espiritualidade. 4. Ministério cristão.
5. Missionárias – Cristianismo. 6. Vocação pastoral. I. Título.

05-2022/125   CDD 253

Índice para catálogo sistemático:
1. Ministério cristão 253

Bibliotecária: Aline Graziele Benitez CRB-1/3129

Publicado no Brasil com todos os direitos reservados por:
GodBooks Editora
Rua Almirante Tamandaré, 21/1202, Flamengo
Rio de Janeiro, RJ, Brasil, CEP 22210-060
Telefone: (21) 2186-6400
Fale conosco: contato@godbooks.com.br
www.godbooks.com.br

1ª edição: julho de 2022

SUMÁRIO

Agradecimentos	11
Prefácio — Jonas Madureira	13
Prefácio — Ricardo Bitun	17
Introdução	21

1. A espiritualidade cristã: significado e desafio · 25

2. O caráter cristão aperfeiçoado: um modelo de espiritualidade · 45

3. Espiritualidade encarnada e reproduzida · 77

4. Jesus e a missão: expressão de espiritualidade · 99

5. As virtudes básicas para o exercício da espiritualidade · 113

6. A busca da vontade de Deus na arte de escutar · 153

7. Viver a vocação como expressão de espiritualidade · 169

8. O processo de construção da espiritualidade · 183

9. O exercício da espiritualidade no ministério · 237

Posfácio — Barbara Helen Burns	271
Sobre a autora	275

AGRADECIMENTOS

Ao meu grande e sublime Mestre e Senhor, pela oportunidade de refletir as verdades divinas; de fazer a apropriação da Palavra escrita, tornando-a Palavra viva; a codificação da comunicação com o transcendente; e a aproximação do imanente nas experiências cotidianas como expressão da sua graça. E, como na graça não há méritos nem glória, só me resta expressar minha gratidão a Deus, exaltando-o: "Teu, SENHOR, é o poder, a grandeza, a honra, a vitória e a majestade [...] graças te damos e louvamos o teu glorioso nome. [...] Porque tudo vem de ti, e das tuas mãos to damos" (1Cr 29.11-14).

Ao Betel Brasileiro, a casa do Oleiro, onde fui tratada e moldada, o meu Peniel, onde o Senhor me deixou vê-lo na transparência da minha fragilidade humana e na expressão da sua soberania e seu terno amor.

A irmãos mui amados que contribuíram na revisão deste texto em sua primeira edição: Claudia Eller Miranda, Cleber J. G. Alho, Osmir Linhares, Denise Leite e a preciosa amiga Barbara Burns, que se dispôs a escrever o posfácio desta obra.

Ao dr. Jonas Madureira e ao dr. Ricardo Bitun, referências de compromisso com a Escritura e com a vocação, pelos prefácios desta edição.

Ao editor Maurício Zágari, por quem tenho grande estima.

A todos aqueles que, lendo este conteúdo, farão uso dele para aperfeiçoar a sua relação com Deus, consigo e com o próximo e, assim, expressar uma espiritualidade genuinamente cristã na sua forma de servir a Deus. Este é o meu desejo e a minha oração.

PREFÁCIO

A oração é uma luta. Não porque é uma paixão incontrolável, mas porque nos torna conscientes de que estamos sempre diante de um Deus soberano e santo. Qualquer pessoa que já tentou cultivar uma vida de oração diária sabe como é difícil perseverar em oração. Deus não nos deu a oração como uma segunda pele; não oramos naturalmente, mas por graça. Ou seja, quando oramos, já estamos sob o domínio da graça. Quem ora sabe que somos todos feitos de carne e, por isso, a oração feita diante do Deus verdadeiro sempre será uma luta.

Alguém poderia objetar, dizendo: "Conheço muita gente que gosta de orar..." É verdade. Não estou negando que haja prazer na oração. O que estou dizendo é que esse prazer é vivenciado numa luta: a luta de desejar fazer a vontade de Deus e, ao mesmo tempo, querer fazer a própria vontade.

Talvez por essa razão, muitas pessoas orem a um deus falso, que equivocadamente chamam de "Deus". Trata-se de um deus que existe apenas para atender suas súplicas, suas vontades e seus desejos. Um deus assim viraria a oração do avesso, pois, nessas circunstâncias, ele é quem deveria estar de joelhos diante de nós. Portanto, não me refiro às orações que decorrem dessa crença equivocada sobre Deus. Refiro-me, antes, às orações dirigidas ao Deus da Bíblia.

Conheci a irmã Durvalina quando eu tinha 16 anos. Lembro-me como se fosse hoje. Tive que lutar para que ela permitisse meu ingresso no seminário. Eu queria estudar teologia de qualquer jeito. E ela tinha toda a razão: eu era muito jovem. Entretanto, a despeito disso, ela resolveu me dar uma chance e eu agarrei aquela oportunidade como a coisa mais importante da minha vida. Entrei no seminário Betel Brasileiro, em São Paulo, ambicionando a carreira de pastor ou de teólogo. Eu não sabia ao certo para onde Deus me levaria.

O fato é que o seminário era liderado por uma mulher de oração e de espiritualidade autênticas. Durvalina tornou real para mim o que um dia Evágrio Pôntico disse: "Se és teólogo, verdadeiramente oras. Se oras, és verdadeiramente um teólogo". Com seu exemplo, eu descobri que o ministério se ergue na luta da oração.

Nunca vou me esquecer do primeiro dia de aula, em 1993. No hall de entrada do seminário, havia um quadro que dizia: "Faça a vontade de Deus e o sofrimento perderá o seu poder" (autor desconhecido). Aquelas palavras me atravessaram como se fossem uma flecha no peito, diretamente no coração. Entrei no seminário para aprender teologia e descobri que precisava primeiro aprender a orar.

O seminário me ensinou que orar é uma luta. Uma luta contra a nossa vontade. A maioria das nossas orações é dedicada a pedir que o Senhor faça a nossa vontade, que ele realize o que nós queremos. No entanto, quanto mais conhecemos o Deus da Bíblia, mais nos desesperamos. Descobrimos a cada momento que, se Deus fizesse sempre a nossa vontade, nós seríamos destruídos. Ao descobrir que a oração é um tratamento da nossa vontade e do nosso caráter, a primeira reação é a da fuga. Não queremos ser contrariados, ainda mais por Deus. Quem sabe o que a oração realmente representa descobre que ela, às vezes, é uma vivência muita amarga. Por essa razão, a oração deve ser um mandamento. Não oramos por natureza, mas por graça, por misericórdia e sobretudo por necessidade.

Portanto, é preciso orar, se não por gosto, ao menos por desespero. O desespero nos levará a Deus e ele nos salvará de nós mesmos. Levaremos a ele a nossa súplica. Lutaremos, sim. Pediremos a ele que remova o espinho da nossa carne. Deus certamente se recusará a tirá-lo. Pediremos uma segunda, uma terceira vez, e ele permanecerá firme em sua decisão. Essa é a luta do cristão. É uma luta com Deus e, como certa vez disse Kierkegaard, venceremos essa batalha todas as vezes que ele nos vencer.

Irmã Durvalina me ensinou muita teologia. Em nosso discipulado, ela nunca menosprezou a importância da erudição. Sempre me encorajou a estudar e trabalhar duro para contemplar com profundidade os mistérios de Deus. A teologia é, sim, importante, mas ela deve ser feita na luta da oração. A maior obra de um teólogo não é um livro de teologia sistemática. A maior obra de um teólogo será sempre a sua oração. A espiritualidade que você encontrará neste livro é regada pelas experiências e pela sabedoria de uma mulher de oração, uma guerreira, que nos ensina como vencer a nossa luta da oração sempre nos rendendo a ele e à sua vontade.

Obrigado mais uma vez, irmã Durvalina, por me ensinar que a verdadeira espiritualidade, que emana dos ensinos das Escrituras, não descansará até que Cristo seja formado em nós.

JONAS MADUREIRA
Pastor e teólogo

PREFÁCIO

Escrever sobre espiritualidade é falar sobre a vida. Não qualquer vida, mas a verdadeira vida. Aquela que o Filho nos mostrou. Quando ela é vivida em sua integridade, arranca admiração e espanto dos que a veem. O oposto da vida que religiosos de todas as épocas procuram viver na força da lei e no braço da carne.

Foi o que aconteceu quando Jesus habitou entre nós. Fica evidente a diferença entre a espiritualidade cheia de vida e autoridade e a mera prática vazia da religiosidade. Jesus de Nazaré, o filho de José, o carpinteiro, atrai a admiração de todos, em particular por sua autoridade para ensinar, diferente dos religiosos mestres da lei. Quando gente com autoridade de vida ensina, os homens percebem e admiram. Não tem como passar despercebido.

É assim esta obra da missionária e educadora Durvalina Bezerra. Gente com autoridade para ensinar o que ensina. Por isso a gente admira.

Ela segue neste livro o caminho de uma espiritualidade radical, porém equilibrada. Uma espiritualidade que segue com os pés no chão sem tirar suas mãos dos céus. Ela busca resgatar a espiritualidade clássica sem esquecer a piedade e compaixão na e da vida, marcas profundas da essência da espiritualidade cristã.

Essa espiritualidade é definida no primeiro capítulo. Não há como falar em espiritualidade cristã sem marcar sua gênese no novo nascimento (Jo 3.3). O Espírito Santo trazendo vida ao nosso espírito e nele vindo fazer morada, para tornar-se unido a ele (1Co 6.17). Essa união molda e qualifica o caráter daqueles que buscam em Deus uma espiritualidade genuína.

Essa vida no Espírito molda nosso caráter à imagem e semelhança do Filho de Deus. Leva-nos a uma vida em santidade, desejando a vontade do Pai. E, como o Filho na encarnação (Fp 2.7), podemos, também, nos autolimitar, vivendo uma "humanidade espiritualizada, mediante a virtude da presença e da capacitação dada pelo Espírito Santo". Uma espiritualidade enclausurada, longe dos desafios do mundo contemporâneo, "é ingenuidade", segundo a autora.

Utilizando-se do modelo de Jesus Cristo e de sua missão, Durvalina destaca alguns princípios vivenciados por Cristo em sua missão, que, para ela, expressa sua espiritualidade. Princípios como: foco no alvo traçado pelo Pai, sem distrações; total dependência do mesmo Pai que o arregimentara; sua paixão por gente; sua missão com plena consciência do propósito divino e dimensão da eternidade, resumindo bem a caminhada do Nazareno pela terra.

Para aqueles que poderiam se sentir incomodados com a "teoria", o capítulo cinco traz as virtudes básicas para a prática dessa espiritualidade proposta. Começando pelo amor, pois, sem ele, nada seríamos (1Co 13.2).

PREFÁCIO

Claro que ela não fala do amor das novelas, mas do amor que centraliza toda a sua emoção e toda a sua vida na vontade divina. Não somente as emoções, mas também todo o nosso entendimento e toda a nossa força.

Espiritualidade que não só ama a Deus, mas que necessariamente desemboca no amor ao próximo. "Amor-doação", como proposto por C. S. Lewis. Amor divino que nos capacita a amar o que não é naturalmente digno de amor: leprosos, criminosos, inimigos, alienados. Acompanhando esse amor-doação vem a prudência, que busca a excelência, a sensatez, a disciplina, entre outras virtudes.

Em seguida, o livro nos convoca para uma prática esquecida na modernidade e pouco lembrada em nossos dias. Dias de tanta correria e de tempo tão escasso, a "arte de escutar" passa despercebida por aqueles que desejam vida e ministério frutíferos. Ouvir a Deus e fazer calar a alma demandam tempo na presença do Altíssimo. Não só tempo, mas também sabedoria para discernir sua voz em meio a tantas outras que ressoam ao nosso redor. Em outras palavras, há necessidade de afinar nosso coração ao coração do Pai, prática que reflete o desafio na construção de uma espiritualidade sadia.

Por fim, Durvalina nos apresenta o exercício da espiritualidade ao ministério. Para a autora, "a espiritualidade também se expressa no pleno exercício da vocação e requer claro entendimento da relação entre dons e ministérios, oportunidades e limites". Concluindo de forma enfática: "Espiritualidade implica cumprir o propósito divino com total prontidão".

Sintetizar algo tão profundo, que fala mais ao coração e à mente do que qualquer outro assunto já escrito, pois tem relação direta com ele, Senhor nosso e Deus nosso, é tarefa sobre-humana, sobrenatural. Oro do fundo do coração para que, ao ler esta obra, Deus possa falar com você da mesma maneira que imagino ter falado com sua filha Durvalina, ora sentado, tendo ao redor sua filha e filhos à mesa, ora andando indo de casa em casa, curando cegos na beira do caminho, encontrando mulheres doentes, religiosos combativos e perversos, deparando-se com demônios que apressados querem saber se já é chegada a hora, e assim por diante, mas, principalmente, imagino as tantas vezes que esteve com sua filha a sós, na calada da noite ou na tempestade em meio ao mar revolto.

Somente os dois, ele e ela, Pai e filha, ensinando e vivendo aquilo que ensinava, por isso ele e ela têm autoridade para ensinar o que ensinam. Assim seja.

RICARDO BITUN
Pastor e teólogo

INTRODUÇÃO

Há uma consciência da necessidade de uma postura mais holística do homem moderno, para que o desempenho do profissional ou do ministro alcance melhores resultados. Por isso, a espiritualidade é um dos assuntos presentes nos programas de empresas, de escolas e de movimentos eclesiásticos.

Tenho trabalhado na formação acadêmica e espiritual de ministros há mais de quatro décadas. Foi um período de quinze anos em regime de internato no Seminário do Betel Brasileiro, em João Pessoa, Paraíba. Em São Paulo, por 28 anos, dirigindo o seminário em regime de externato e também atendendo, a cada ano, a vários centros de preparo missionário. Senti a profunda e urgente necessidade de termos uma reflexão acerca da espiritualidade daqueles que adentram seminários, faculdades teológicas e centros de preparo missiológico.

Creio que no ministério deve ser priorizada a prática de uma espiritualidade autêntica, revelando o caráter acima do carisma, fortalecendo os valores morais do genuíno cristianismo.

Eu era religiosa ao extremo. Uma católica praticante, filha de ex-frade franciscano e estudante do Colégio São Vicente de Paula. Ali eu gozava da amizade das freiras e dos padres. Aos 11 anos, aceitei ao Senhor Jesus como meu suficiente Salvador. Meu pai me mostrou a verdade do evangelho, fazendo um contraponto entre a doutrina católica e as Escrituras. Aos 15 anos, recebi a chamada para a obra missionária e, aos 18, segui para o Seminário Betel Brasileiro, onde recebi minha formação ministerial. O Betel tem como alvo principal a formação do caráter de Cristo na vida dos alunos. O lema do seminário, que a professora Lídia Almeida de Menezes recitava inúmeras vezes, era: "Até que Cristo seja formado em vós" (Gl 4.19, ARC).

Acredito que minha história de vida e minha vivência com Deus levaram-me a ter uma intensa preocupação com a espiritualidade daqueles que se propõem a servir ao Senhor.

Senti a necessidade de refletir sobre o caráter do reino de Deus examinando o exemplo de Jesus e de seus discípulos e buscando, no texto sagrado, o modelo da verdadeira espiritualidade.

Minha intenção é uma abordagem bíblico-teológica: mais prática e experiencial que contemplativa, mais aplicada àqueles que se preparam para o ministério sagrado. Não deixa de ser, no entanto, um conteúdo aplicável para qualquer cristão que, como seguidor de Cristo, dispõe o coração a agradá-lo e busca a formação do caráter cristão como expressão de uma espiritualidade autêntica, bem como o fundamento para o serviço no reino de Deus. Minha oração é que este conteúdo possa estimular o leitor e servir de ferramenta para a construção de uma espiritualidade pautada na Palavra de Deus e vivencia-da com profundas experiências cristãs, que identifique o compromisso da nossa missão de revelar as virtudes do nosso Mestre e dar continuidade à sua obra no modelo por ele estabelecido.

capítulo um

A ESPIRITUALIDADE CRISTÃ: SIGNIFICADO E DESAFIO

Espiritualidade tem se tornado um tema presente em vários setores da sociedade. O que, num passado mais recente, se confinava à religião ou a questões eclesiásticas, hoje sai desse âmbito e é discutido como forma de viver melhor, de produzir mais, de se relacionar positivamente, tanto em empresas como em instituições sociais.

Essa espiritualidade se apresenta como cura para os traumas, orientação para o sucesso profissional, alento para a alma. É humanista, eleva a autoestima, cuida das interações pessoais e, com os livros de autoajuda, consegue fazer as pessoas se sentirem bem, desenvolvendo sua capacidade e potencial inerentes a si mesmas, como ensinam a neurociência e o *coaching* — e isso é o que importa. Refletir a espiritualidade tornou-se uma questão urgente e necessária. Analisar a espiritualidade na proposta da fé cristã se faz relevante e oportuno ao cristianismo atual e à sociedade.

Christopher Hitchens afirmou: "Não creio que alguém possa indicar um só país em que as pessoas se comportem melhor por acreditar em Deus".[1] Abordaremos, então, a espiritualidade cristã, porque ainda cremos que sua prática é possível em nossos dias e que só no exercício dela poderemos fazer diferença em nossa comunidade e para toda uma nação.

Encontramos na Bíblia o Deus perfeito chamando os homens para viver segundo o padrão dele. O Senhor Jesus disse: "Sede vós perfeitos como perfeito é o vosso Pai celeste" (Mt 5.48). Nas cartas neotestamentárias há constantes exortações para que o cristão viva numa dimensão de vida espiritual dominada pelo Espírito Santo. "... como Cristo foi ressuscitado dentre os mortos para a glória do Pai, assim também andemos nós em novidade de vida" (Rm 6.4). "Segundo é santo aquele que vos chamou, tornai-vos santos também" (1Pe 1.15).

Em toda a história, desde o Éden, quando o homem desobedeceu a Deus, o conflito entre o espiritual e o material, a fé e a razão (enquanto racionalização da fé) está presente na humanidade. As características de cada época — valores, crenças e cosmovisão de cada cultura

---

[1] Christopher Hitchens. *Revista Veja*. Ed. Abril. 26 de julho 2006. p. 5.

— influenciam a prática de uma espiritualidade bíblica, devido à ambiguidade humana. A questão é que o problema está na natureza caída. Quando o Senhor propôs destruir a geração antediluviana, escolheu Noé e sua família para preservá-los e deles formar uma nova geração, pois Noé era justo e temente a Deus. Porém, logo que saíram da arca, Deus atesta a origem do problema: "É mau o desígnio íntimo do homem desde a sua mocidade", ou, na linguagem da NVI, "O seu coração é inteiramente inclinado para o mal desde a infância (Gn 8.21).

Mais adiante, o Senhor escolheu Abraão para fazer dele uma nação separada de todos os povos da terra, uma nação santa que cumprisse o propósito de revelá-lo ao mundo, testemunhando os seus portentosos feitos.

"Ora, disse o Senhor a Abrão: Sai da tua terra, da tua parentela e da casa de teu pai e vai para a terra que te mostrarei; de ti farei uma grande nação, e te abençoarei, e te engrandecerei o nome. Sê tu uma bênção! (Gn 12.1,2).

A família abraâmica cresceu e se tornou nação sob a liderança de Moisés, por meio de quem o Senhor estabeleceu a constituição de Israel — as leis socioeconômicas, morais e religiosas para o seu povo, por meio das quais este se dirigiria. A legislação dada por Deus a Israel tinha como objetivo fazer o povo viver bem, porque o cumprimento dela resultaria em bênçãos: provisões materiais e graças espirituais. "O Senhor nos ordenou cumpríssemos todos esses estatutos e temêssemos o Senhor, nosso Deus, para o nosso perpétuo bem, para nos guardar em vida, como tem feito até hoje" (Dt 6.24). No capítulo sete do mesmo livro, o Senhor expõe as bênçãos que decorrem da obediência aos seus mandamentos.

Conhecedor da natureza humana, o Senhor expressou no decálogo (Ex 20) as suas leis com proibições, sempre dizendo "não", porque ele sabia que a nossa índole tem a força de dizer "sim". Você é capaz de colocar outros deuses diante de mim, então não terá outros deuses. Você é capaz de furtar, então não furte. Você é capaz de adulterar, então não adultere. E assim por diante.

No desenvolvimento da revelação divina e no processo dos seus planos eternos, Deus tem um projeto superior à lei e antecipa-se, declarando: "Na mente, lhes imprimirei as minhas leis, também no coração lhas inscreverei" (Jr 31.33). O tratamento para curar a natureza do pecado e a imoralidade humana necessitaria de uma ação além da consciência moral; era indispensável fazer reviver o espírito do homem, o qual foi separado de Deus desde a queda e encontra-se morto em seus delitos e pecados (Ef 2.1). Nesse estado, o homem é impossibilitado de fazer o bem. "Porque tenho o desejo de fazer o que é bom, mas não consigo realizá-lo" (Rm 7.18).

Para fazer reviver o espírito humano, a justiça divina exigia morte. Na providência divina, o Senhor enviou o Cordeiro, tipificado nas vestimentas de peles providas para os nossos primeiros pais, na provisão do sacrifício para Abraão substituir Isaque e nas ofertas de sangue que constituíam todos os cerimoniais levíticos.

João Batista aponta o Filho de Deus como o Cordeiro, que veio oferecer a própria vida para fazer reviver o espírito humano. O ponto de partida para uma espiritualidade bíblica é o novo nascimento (Jo 3.3). É o Espírito Santo trazendo vida ao nosso espírito e nele vindo fazer morada, para tornar-se unido a ele (1Co 6.17). Essa união é muito real e permanente. À medida que o Espírito Santo domina o nosso espírito, o espírito domina a nossa personalidade — mente, emoção e vontade — e, assim, vivemos a vida do Espírito e expressamos a verdadeira espiritualidade.

A dinâmica da vida cristã é o processo de santificação. Tratando desse assunto, Paulo declara que morremos com Cristo e ressuscitamos com Cristo para vivermos em novidade de vida (Rm 6.4-10; 8.1-17). A ação do Espírito, nessa passagem da morte para a vida, é continuada à proporção que deixamos que ele tenha o controle sobre a nossa vida. Esse controle se processa no uso das virtudes que ele mesmo opera na nova natureza (2Pe 1.4) e se manifesta no fruto do Espírito, elencado em Gálatas 5.22,23. "A principal razão para que as Escrituras chamem os cristãos e suas virtudes de 'espirituais' é a seguinte: o Espírito Santo produz nos cristãos resultados que se harmonizam com a verdadeira natureza do próprio Espírito [...] como uma fonte de vida, agindo neles e dando a si mesmo a eles em sua doce e divina natureza de santidade."[2]

Quanto mais submissos à ação do Espírito Santo, mais temos condições de atingir o padrão divino. Sendo assim, não haverá dicotomia entre o sagrado e o secular, porque viveremos a vida de Deus no nosso espírito em todas as áreas da vida. Também não haverá separação entre a ciência e a fé, porque a sabedoria espiritual sobrepujará o conhecimento humano. Haverá mais luz no entendimento, porque a erudição não se chocará com a verdade pura

---

[2] Jonathan Edwards. *A genuína experiência espiritual*. São Paulo: PES, 1993. p. 67.

de Deus. Pelo contrário, quanto mais o saber se aprofunda, mais confirma as verdades bíblicas.

Contudo, ao longo dos séculos, é intensa a luta para viver o espiritual no mundo secularizado. O avanço científico e tecnológico, a decepção do homem com a brutalidade das grandes guerras, o holocausto dos judeus e a desumanização dos sistemas pressionaram o homem a olhar para além de si mesmo, do que é palpável, do que é comprovado cientificamente. É o homem à procura de algo que o satisfaça. Ele busca a energia dos cristais e a pedra filosofal. É o mundo dos magos e da ficção, das experiências sensoriais e excepcionais.

Muitos teólogos se distanciaram das verdades bíblicas por se proporem a interpretar a revelação divina numa perspectiva apenas racional. Essa tensão é observada por Danilo Mondoni: "A partir do século 12 a ciência se introduz na teologia e subdivide-se a Escritura da prática espiritual. A geração dos grandes escolásticos é o último exemplo da unidade entre o teólogo e o santo, pois. até então resultava incoerente a separação entre saber e experiência de fé, magistério e vida espiritual, pastor e doutor".[3]

O Renascimento e o Iluminismo expandiram a dicotomia, iniciada no século 13, entre o espiritual e o intelectual; a postura acadêmica se distancia das experiências e práticas espirituais. A religiosidade, então, separa a vida secular da espiritual.

No século 19, a espiritualidade passou a designar a vida espiritual enquanto experiência com Deus. Ficou

---

[3] Danilo Mondoni. *Teologia da Espiritualidade Cristã*. São Paulo: Loyola, 2000. p. 15.

comprovado que o conhecimento, por si só, não é capaz de gerar transformações e tratar com as tendências malignas da natureza caída. O termo latino *spiritualitas* foi traduzido do grego *pneumatiké* por Dionísio, o Pequeno, com o seguinte significado: "Consiste na perfeição da vida segundo Deus". Como bem conceitua o dr. Russell Shedd, espiritualidade "significa a busca e a própria experiência da comunhão com Deus. Inclui a expressão dessa convivência a partir de práticas que agradam o Criador".[4]

Na Reforma Protestante do século 16, a espiritualidade genuinamente cristã foi defendida fortemente dentro de uma ortodoxia pura e bíblica. As verdades divinas eram experimentadas, buscadas e confirmadas pela Escritura Sagrada para uma vida de santidade. Como disse Calvino: "É preciso colocar no coração o que a mente absorveu, pois a Palavra de Deus não é recebida pela fé se fica esvoaçando para lá e para cá no topo do cérebro, mas sim quando enraíza no profundo do coração, para que seja uma defesa invencível ao resistir e repelir todos os estratagemas da tentação".[5]

No entanto, alguns grupos se detiveram na confissão da fé, isto é, na preservação teórica da doutrina, como se isso bastasse para a identificação de um cristão. Procurando romper com a forma dogmática e com o engessamento conceitual da fé, alguns segmentos da igreja têm procurado voltar à espiritualidade autêntica, tentando

---

[4]   Russell Shedd In: Nelson Bomílcar (org.). *O melhor da espiritualidade brasileira*. São Paulo: Mundo Cristão, 2005. p. 37.

[5]   César S. L. Clinton. *Respostas evangélicas à religiosidade brasileira*. São Paulo: Vida Nova, 2004. p. 31.

aproximar o ser do fazer, buscando a integralidade da personalidade, unindo competência humana, capacitação profissional e técnica que faz operacionalizar o fazer com a verdadeira espiritualidade que caracteriza o ser.

Outros grupos, no afã de renovar a fé, tomam o outro extremo e procuram espiritualizar até mesmo as reações naturais da personalidade humana.

Devemos estar atentos também às várias formas de espiritualidade que encontramos hoje na igreja brasileira. Ser espiritual tem sido sinônimo de manifestações de milagres e de ostentação de poder, de aquisições materiais e de postura autoritária, de sucesso pelos números e pela grandeza estrutural.

Só o equilíbrio entre a fé e as obras — ou seja, a doutrina e a prática; a ortodoxia e a experiência — é o caminho seguro para uma espiritualidade verdadeira.

Precisamos voltar ao conceito real de espiritualidade, exemplificada pelo apóstolo Paulo, que uniu sua experiência com o conhecimento e a erudição filosófica e bíblico-teológica de que era portador, e sabia utilizá-los com propriedade, sem negar as manifestações do poder de Deus e as realizações de maravilhas no seu frutífero ministério (1Co 2.1-4; Rm 15.19). Ele foi capaz de harmonizar a graça que recebera de Deus para realização de sinais com a fragilidade da sua humanidade diante dos sofrimentos e privações (2Co 4.7-11; 6.4-10).

A busca da espiritualidade deve ser uma meta para todos os cristãos. Porém, aquele que é comprometido com a sua vocação — seja pastor, missionário, ministro ou algum líder atuante — tem uma responsabilidade ainda maior, pois se expõe como modelo. E o próprio contexto

A ESPIRITUALIDADE CRISTÃ: SIGNIFICADO E DESAFIO

de vida lhe exige uma experiência autêntica. O discípulo comissionado precisa desenvolver a sua espiritualidade, porque a sua missão é, antes de tudo, a identificação com a pessoa de Jesus, dando continuidade ao seu ministério na terra; isto é, a transparência da personalidade divina na humana, e a realização da sua obra na agência do Espírito Santo.

Todo pastor ou missionário protestante, católico, muçulmano ou de qualquer outra confissão pode ensinar bons princípios de conduta moral e espiritual, pode fazer grandes obras de ajuda humanitária. Mas só o ministro evangélico, genuinamente cristão, pode identificar a divindade na sua humanidade, conforme a Palavra de Deus ensina: "Estou crucificado com Cristo; logo, já não sou eu quem vive, mas Cristo vive em mim" (Gl 2.19,20). Daí a nossa missão não ter como objetivo final estabelecer instituições de caridade para amenizar o sofrimento dos injustiçados e perseguidos, nem implantar uma igreja institucionalizada com os melhores padrões de estrutura eclesial. Devemos fazer tudo isso, mas não como o alvo da missão.

A nossa missão é implantar, pela agência do Espírito Santo, o reino de Deus no coração dos homens, no modelo encarnacional de Jesus Cristo. "Pois ele, subsistindo em forma de Deus, não julgou como usurpação o ser igual a Deus; antes, a si mesmo se esvaziou, assumindo a forma de servo [...] e a si mesmo se humilhou, tornando-se obediente até à morte e morte de cruz" (Fp 2.6-8).

Procuraremos definir a espiritualidade cristã, não pretendendo encerrar nas definições o que na sua essência ela é em si mesma, nem esgotar as variadas formas como ela é experimentada na vida do cristão.

Espiritualidade é vida cristã, e tudo que se relaciona com ela em todas as formas de sua expressão. Não uma experiência em uma área da vida ou algo que fazemos de bom para Deus. Mas é uma experiência espiritual saudável, é um estilo de vida que revela o que somos na realidade.

Espiritualidade é um processo no aperfeiçoamento do caráter humano. Somos desafiados a buscar essa perfeição em todas as suas dimensões, porque o Senhor promete em sua Palavra que "aquele que começou boa obra em vós há de completá-la até ao Dia de Cristo Jesus" (Fp 1.6).

Espiritualidade é o padrão divino para o homem cristão alcançar a plenitude do Filho de Deus. O plano de Deus ao enviar Jesus é tornar os homens à sua imagem e semelhança não apenas na imagem moral, como a primeira criação, mas também na imagem espiritual e metafísica. "Até que todos cheguemos [...] à perfeita varonilidade, à medida da estatura da plenitude de Cristo" (Ef 4.13). Para o cumprimento desse plano, o Senhor enviou o Espírito Santo, o qual forma a nova criatura por meio do novo nascimento e reproduz a imagem ideal de Cristo no processo da santificação.

A espiritualidade constitui-se de uma fé sadia, e uma fé sadia fundamenta-se numa doutrina sadia (Tt 1.13; 2.1,2).

Interpretamos a fé nos dois sentidos: Não somos espirituais porque confessamos a fé cristã, fé subjetiva, o ato de crer, mas porque aplicamos a fé às experiências do viver diário, fé objetiva.

A espiritualidade autêntica concentra-se nas verdades divinas expostas na Escritura Sagrada, que é "útil para o ensino" — aprendizagem dos preceitos da doutrina sagrada para formar a mentalidade cristã. É "útil para a repreensão" — o ensino que apela à consciência apontando o pecado. É "útil para a correção" — o ensino que atinge a razão, dando argumento lógico para corrigir as distorções da fé. É "útil para a exortação" — o ensino que apela à vontade e à emoção, direcionando o querer para a submissão à vontade divina. É "útil para a educação na justiça" — o ensino que forma o ser integral, aperfeiçoando o caráter e promovendo mudanças interiores, tornando o homem perfeito e perfeitamente habilitado para toda a boa obra (2Tm 3.16,17).

O DESAFIO DA ESPIRITUALIDADE NO MUNDO PÓS-MODERNO

Não podemos realizar um ministério expressivo e relevante para a nossa geração, ou desenvolver uma espiritualidade genuína, se não estivermos atentos aos sinais do nosso tempo. A Palavra de Deus ensina que, no reinado de Davi, havia uma tribo destinada à função de conhecer as épocas, para que Israel soubesse como agir. "Dos filhos de Issacar, conhecedores da época, para saberem o que Israel devia fazer, duzentos chefes e todos os seus irmãos sob suas ordens" (1Cr 12.32).

A partir da cosmovisão cristã podemos observar a época em que vivemos, o contexto sociocultural no qual estamos inseridos, as mudanças decorrentes do desenvolvimento científico, para que o nosso trabalho e o nosso estilo de vida sejam relevantes para a nossa geração. É necessário estarmos atentos às influências perniciosas que a pós-modernidade pode causar à fé cristã e vermos no cenário mundial as oportunidades que o fenômeno da espiritualidade oferece para a propagação da cultura cristã.

Robson Ramos observa: "O empreendimento missionário falhará se não der atenção às forças socioeconômicas, às mudanças e às formas e à maneira como elas podem afetar a prática missionária — desde o recrutamento até a aposentadoria do missionário. Afinal, missões não acontecem num vácuo histórico e social".[6]

A mentalidade do homem nessa sociedade líquida representa um forte desafio para a formação e a expressão do verdadeiro cristão. A proclamação da mensagem do evangelho, nesse contexto, pede a cada um de nós uma compreensão das características desse novo tempo, até porque estamos vivenciando o processo de mudança, mas ainda não conseguimos nos dar conta da totalidade que ele representa.

Desenvolver uma espiritualidade genuinamente cristã no século 21 é estar pronto a enfrentar desafios — se por um lado vivemos numa sociedade em que se busca eclipsar a Deus pelo avanço científico-tecnológico, pelas catástrofes naturais que emudecem a argumentação dos homens e pela prova da inadequação humana para interpretar a presença de Deus diante das questões do existencialismo, do humanismo e de outras ideologias vigentes, por outro lado vemos o homem à procura do transcendente e de experiências sensitivas. Como sempre, anda à procura de algo que lhe satisfaça.

---

[6] Robson Ramos. *O evangelho no mercado pós-moderno*. Viçosa: Ultimato, 2003. p. 56.

"Na sociedade atual, existe uma enorme sensação de invisibilidade. Todo mundo acha que ficou de fora de algo, mas não sabe do que exatamente. É como se sempre houvesse uma festa imperdível em algum lugar e ninguém conseguisse chegar ao local".[7]

Na busca da experiência transcendental, o homem tem dificuldade de conviver com os dois mundos — o ideal e o real; o espiritual e o material.

A encíclica *Redenptoris missio* aponta elementos importantes para se compreender o homem e o seu processo de busca atual.

A época em que vivemos é ao mesmo tempo dramática e fascinante. Se por um lado parece que os homens vão ao encalço da prosperidade material, mergulhando cada vez mais no consumismo materialista, por outro lado manifesta-se a angustiante procura de sentido, a necessidade de vida interior, um desejo de aprender novas formas e meios de concentração e de oração.

Não só nas culturas densas de religiosidade, mas também nas sociedades secularizadas, procura-se a dimensão espiritual da vida como antídoto à desumanização. Este fenômeno denominado ressurgimento religioso não está isento de ambiguidade, mas traz com ele também um convite.

A igreja tem em Cristo, que se proclamou "o caminho, e a verdade, e a vida" (Jo 14.6), um imenso patrimônio espiritual para oferecer à humanidade. É o caminho cristão que leva ao encontro com Deus, à oração ascese, à descoberta

---

[7] Adam Philips. *Revista Veja*. Ed. Abril, 12 de março de 2003. p. 6.

do sentido da vida. Também este é um areópago para evangelizar.[8]

Apontamos, a seguir, alguns indicadores desta época, com o objetivo de procurar entender o ambiente onde a nossa fé, ao mesmo tempo, sofre o impacto e exerce o confronto.

Tecnologia

Mesmo sendo um bem de utilidade para o ministério, a tecnologia avançada produz a consciência do imediatismo. É o perigo de um cristianismo instantâneo, de bênçãos rápidas e fáceis e de relações superficiais. Isso influencia o treinamento espiritual para formar hábitos cristãos. Tornamo-nos mais copiadores que criativos, mais repetitivos que reflexivos.

Os educadores se preocupam com a multiplicidade de informação acessível aos jovens, em tempo recorde, acarretando uma formação de conhecimentos superficiais. Educação de qualidade é educar para formação de valores, é ensinar atitudes, levar o aprendiz a pensar, para que o pensamento gere a ação; a ação, o hábito; e o hábito, o caráter.

Mentalidade de mercado

O consumismo tem se proliferado entre todas as classes. O homem, para adquirir o que deseja, se corrompe com todos os tipos e versões de crime e até vende o próprio

---

[8] Disponível em: https://www.vatican.va/content/john-paul-ii/pt/encyclicals/documents/hf_jp-ii_enc_07121990_redemptoris-missio.html. Acesso em: 12 abr. 2022.

corpo. As oportunidades de múltiplas escolhas criam uma mentalidade de mercado que influencia a conduta espiritual. "Vivemos em uma sociedade em que é mais importante ser rico do que ter amigos íntimos, mais importante ser famoso do que amar. Isso é enlouquecedor."[9]

Essa mentalidade produz um relacionamento com Deus na base de troca e de barganha. Assume-se uma atitude consumista que prioriza os valores materiais aos espirituais. A vida cristã perde o sentido de altruísmo e de doação.

A renúncia e o sacrifício ficam relegados a um passado histórico ou às experiências dos heróis da fé, que hoje não existem ou estão quase em extinção.

O mundo se torna impessoal; as pessoas, fragmentadas, com diferentes máscaras. O homem perde a individualidade, entra na corrida pelo sucesso, não tem tempo de refletir sobre o significado da vida e o que realmente deseja ser e fazer.

A busca da felicidade instantânea, cada vez mais presente nos anseios na sociedade, torna o homem individualista, perdendo a capacidade de sensibilizar-se com os problemas dos outros. Queremos nosso quinhão de prazer; o que importa é se sentir bem e ser valorizado. "Cresce diariamente o contingente daqueles que adotam em sua vida os princípios da moral do espetáculo", traduzida pela "percepção da vida como entretenimento e a ideia de felicidade como satisfação das sensações", como declarou Freire Costa.[10]

---

[9] Ramos, p. 11.
[10] Freire Costa. In: Luiz Alberto Marinho. *Coluna Marinho*. Site Blue Bus. 2004.

Há uma grande ansiedade para corresponder aos estereótipos implantados pela sociedade e corresponder à estética e aos modelos ditados como ideais. Com esse comportamento, aumentou a depressão, sendo hoje a terceira doença que mais mata no mundo. Só a proclamação do evangelho pode trazer o homem de volta à sua real identidade, porque o Salvador nos trata como personalidade única, nos faz família e corpo, para desfrutarmos da comunhão e da fraternidade na experiência comunitária.

Pluralização e globalização

O contato com outras culturas e a abertura do comércio e do intercâmbio multicultural classificam tudo na base do relativismo. Nada é obrigatório, as questões éticas e morais não passam de opções. Os absolutos de Deus tendem a se perder diante das multifaces da verdade vista pelos vários ângulos das diferenças culturais.

"O Pluralismo rejeita o conceito de que existam verdades absolutas e fixas. Na perspectiva pluralista, a opinião e as convicções de todos são respeitadas, visto que a opinião de um é tão verdadeira quanto a opinião do outro. Já que não existem conceitos absolutos na área da religião e da moral, não pode haver proselitismo, isto é, alguém impor um sistema doutrinário ou um ideário moral acima de outros."[11]

Pregadores têm o grande desafio de fazer a contextualização da mensagem do evangelho sem abrir mão

---

[11] Augustus Nicodemus. *Revista de Reflexão Teológica*. João Pessoa: Betel Publicações, n. 3, 2013. p. 27.

dos absolutos da fé cristã e sem ferir a verdade sagrada. Presenciamos com muita preocupação o sincretismo religioso e cultural adentrando nossas igrejas e nossa prática missionária.

A busca constante pelo novo

A geração atual é caracterizada pela busca alucinante de novas experiências. As relações afetivas são descartáveis, a inquietação e a ansiedade levam os jovens aos jogos e ao entretenimento que sempre se apresentam com novas roupagens. As músicas sem conteúdo só produzem uma mentalidade sensorial sem profundidade na essência da vida. "Permanecer mental e emocionalmente saudável em uma sociedade enferma é enfrentar riscos, porque não somos imunes ao clima de desintegração moral que caracteriza os dias em que vivemos."[12]

É necessário estarmos atentos a esses perigos e sabermos lidar com as características do nosso tempo, para agir sabiamente. Como disse o dr. Donald A. Carson: "Existe uma epistemologia toda para o mundo pós-modernista. E para os que desconhecem a Bíblia existem outras molduras de referências completas que controlam o seu pensamento. Assim, é essencial a construção de um quadro de referências completamente cristãs. Isso é importante não somente para o evangelismo como também é necessário para a ética e a santificação".[13]

---

[12] D. Bobyds. *Seu poder emocional e espiritual*. São Paulo: Vida, 1995. p. 12

[13] Donald. A. Carson. *Revista Capacitando Para Missões Transculturais*. São Paulo, n. 10, 2003. p. 17.

Construir esse quadro é tarefa nossa, pois não podemos estar alienados do mundo, mas também não podemos nos conformar com o seu sistema.

"Mais importante do que indagar o que o homem moderno tem a dizer à igreja, é perguntar o que a igreja tem a dizer ao homem moderno."[14]

É necessária uma boa dosagem da sabedoria divina — o que pretendemos expor mais adiante — porque, revestidos dela, poderemos viver com uma mentalidade moderna capaz de ver o novo mundo, mas sabendo criar alternativas para não se deixar moldar por ele.

"Diante da busca desenfreada de sentido, sem nenhuma referência, e diante de uma autocentralização do indivíduo sobre si mesmo, a proposta missionária continua afirmando que a vida tem sentido quando é oferecida aos outros."[15]

No fundo, viver a espiritualidade na proposta ministerial, pastoral ou missionária incorre em preencher o vazio existencial e revelar os absolutos de Deus acima de todos os valores humanos, mesmo que se tenha de contrariar a ética social e a razão. Ainda é válida a verdade proferida por Pascal: "O coração tem razões que a própria razão desconhece".[16]

---

[14] John Stott. *Ouça o Espírito e ouça o mundo*. São Paulo: ABU, 2013. p. 26.
[15] Giorgio Paleari. *Espiritualidade e Missão*. São Paulo: Paulinas, 2002. p. 152.
[16] Blaise Pascal. Disponível em: https://pensador.com/frases/NzAwMw/. Acesso em 16 abr. 2022.

Questões para reflexão pessoal ou em grupo, em atitude de oração

1. Diante dos vários modelos de espiritualidade, como identificar uma espiritualidade sadia e equilibrada?

2. É possível perceber a autenticidade da nossa experiência cristã diante das definições de "espiritualidade"?

3. Como podemos fazer o confronto do nosso estilo de vida com os desafios de uma espiritualidade genuinamente cristã, diante dos desafios deste mundo pós-moderno?

capítulo dois

O **CARÁTER** CRISTÃO APERFEIÇOADO: UM **MODELO** DE ESPIRITUALIDADE

O caráter inclui as características morais do homem. É constituído das expressões naturais e sociais da alma, qualidades boas e ruins. A psicologia, para estudar a formação do caráter, defende duas vertentes — a genética e a ambientalista —, com ênfase em uma ou em outra. A verdade é que valores, crenças, virtudes, fraquezas e distúrbios que formam o caráter são tanto herdados como aprendidos.

No novo nascimento opera-se uma instantânea mudança, quando o espírito recebe o novo princípio de vida, que atinge o nosso ser de forma profunda, iniciando-se necessariamente o processo de santificação, efetivado pelo discipulado, que marcará profundamente o caráter.

Isso não pode ser confundido com a moralização do caráter, mas é a espiritualização dele. Diferentemente da personalidade, o caráter pode e deve ser transformado. E essa transformação segue toda a vida para construir a nossa espiritualidade.

Passemos a refletir sobre a relevância do caráter do líder cristão e uma busca dos valores morais e espirituais do cristianismo autêntico. Somos conscientes da verdade proferida por Warren Wiersbe de que menosprezar a importância do caráter equivale a abandonar o alicerce do ministério.

O Senhor Jesus expôs a mentalidade do reino como o estilo de vida para os seus seguidores. Seus ensinos, mais enfaticamente o Sermão do Monte, retratam essa verdade. As bem-aventuranças são verdades centrais e princípios da vida cristã; são a descrição de um caráter equilibrado e diversificado revelado no fruto do Espírito (Mt 5.1-12; Gl 5.22- 25).

A meta da vida de todo cristão é chegar à maturidade, à perfeita varonilidade, à medida da estatura da plenitude de Cristo (Ef 4.13). O objetivo de Deus em nos criar de novo é nos fazer novas criaturas, para sermos conformes à imagem de seu Filho (Rm 8.29). Nada menos que o modelo de Cristo agrada o Pai. Por isso, o ministério primordial de todo obreiro cristão é fazer discípulos de Cristo, imitadores dele, para serem como ele é e andarem como ele andou (Cl 2.6). Isso significa formar o caráter de Cristo na vida do discípulo; o viver antes do fazer e o ser antes do ter. O apóstolo Paulo assumiu sua missão com este objetivo: "Meus filhos, por quem, de novo, sofro as dores de parto, até ser Cristo formado em vós" (Gl 4.19). É um processo de aperfeiçoamento.

Buscando compreender melhor o assunto, vejamos a seguir algumas definições de "caráter cristão".

A CONCEPÇÃO BÍBLICA DE "CARÁTER CRISTÃO"

Caráter cristão é uma realidade de vida cristã, e não a tentativa de ser bom. Muitos servos de Deus vivem um cristianismo legalista, o que lhes impede de viver a plenitude da vida cristã. Estão sempre se sentindo culpados e com medo de ser condenados pelo próprio Deus que os ama, porque nunca conseguem alcançar o padrão de Deus por suas próprias forças (Rm 8.1-17).

No seu livro *O poder curador da graça*, David Seamands comenta as inadequações de um comportamento baseado no desempenho. Ele disse: "A vida cristã baseada no desempenho provém do vírus maligno do orgulho pecaminoso — um orgulho que nos encoraja a construir a nossa vida sobre uma mentira mortal. Essa mentira afirma que tudo depende daquilo que nós fazemos, de quão bem nós desempenhamos algo, de nossos esforços e de nossas obras. Desfrutaremos amor e aceitação se pudermos conquistá-los; sucesso e posição se pudermos merecê-los".[1]

O caráter formado por Deus é resultado da operação do Espírito Santo no íntimo, nos controlando e nos moldando, e não a tentativa de autocontrole. Jesus era enfático em afirmar que o Espírito Santo deveria vir, porque só com a atuação dele em nosso interior seria possível vivermos as suas virtudes. É o Espírito quem opera em nós

---

[1] David Seamands. *O poder curador da graça*. São Paulo: Vida, 1990, p. 22.

o sobrenatural, isto é, a capacidade de viver os ensinos do Mestre. Só pelo seu poder é possível a prática da verdade que autentica a revelação divina (Rm 8.2,13,14).

Caráter formado é uma vida de profundidade — vida centrada em Deus; ele é a única razão da vida, capaz de levar o humano a um plano espiritual (1Co 2.1-16).

Quem experimenta uma relação com Deus, em comunhão com o seu ser, não uma relação com as dádivas da sua graça, mas com ele mesmo, é capaz de centralizá-lo em todas as dimensões da vida, e não apenas nos momentos em que se sente desgastado e frustrado com as suas decisões e incompetências. O dr. Martyn Lloyd-Jones assegura-nos que um grande perigo da vida cristã é que "assumimos que temos a capacidade e a habilidade de realizar coisas e, portanto, colocamos toda ênfase em nós".[2] A consciência de nossa insuficiência e limitação deve nos tornar dependentes de Deus e desejosos de agradá-lo em tudo, de viver sua vida em nossa vida.

Caráter cristão é a mentalidade do reino, é o que Deus quer que sejamos. É a identidade do cristão, não apenas um modelo ético e moral de vida. Atingir o padrão da sociedade não é tão difícil assim — qualquer moralista alcança. Porém, viver os valores do reino de Deus é um constante desafio para cada cristão.

O caráter cristão é o modelo da encarnação. É o tratamento de Deus na personalidade humana, tornando o discípulo uma expressão viva do seu Mestre. É encarnar suas

---

[2] Martyn Lloyd-Jones. *O segredo da bênção espiritual*. Rio de Janeiro: Textus e Editora dos Clássicos, 2002. p. 41.

virtudes e valores. "Se não comerdes a carne do Filho do Homem e não beberdes o seu sangue, não tendes vida em vós mesmos" (Jo 6.56). Assim como o verbo encarnou, devemos viver a sua vida em nós. Como disse Jesus: "Basta ao discípulo ser como o seu mestre" (Mt 10.25). É viver a vida de Jesus em plenitude, de forma a afirmar como Paulo: "Já não sou eu quem vive, mas Cristo vive em mim" (Gl 2.20).

Caráter cristão é aquilo que caracteriza o discípulo. Os discípulos foram chamados de "cristãos" pela primeira vez em Antioquia. E isso se deu porque eles se identificaram com o caráter do Cristo que pregavam. Eles não se identificavam com instituições ou organizações humanas, mas expressavam o mesmo estilo de vida do seu Senhor. A formação do caráter envolve a espiritualidade básica (At 11.26; Cl 2.6).

Além disso, caráter cristão é crédito da qualidade de vida e não se expressa em quantidade de obras realizadas. Não se confunde com o sucesso representado por um templo superlotado, nem por um relatório de grandes empreendimentos. Tudo isso é louvável, mas não identifica o verdadeiro líder cristão (2Co 4.7-15; 6.4-10).

O caráter cristão pode ser entendido na concepção do fruto do Espírito, conforme Paulo escreveu em Gálatas 5.22-23. Christian A. Schwarz, em seu livro *As três cores do amor*,[3] nos oferece uma bela compreensão do amor em oito expressões que, na minha percepção, resumem a essência do caráter cristão:

---

[3]   Christian A. Schwarz. *As 3 cores do amor*. Curitiba: Esperança, 2012. p. 71-78.

- Paciência, persistência — o amor duradouro
- Alegria — o amor que celebra
- Paz — o amor que reconcilia
- Fidelidade — o amor confiável
- Bondade — o amor que corrige
- Amabilidade — o amor afável
- Domínio próprio — amor disciplinado
- Mansidão — amor humilde

Viver o amor nessa dimensão nos faz virtuosos, e só uma pessoa virtuosa é uma pessoa de caráter autêntico, consciente de si, de sua inaptidão para produzir essas expressões do fruto do amor. Porém, ela também é consciente de que a produção é da pessoa do Espírito Santo. Por isso, ela é chamada a crucificar a carne, viver no Espírito e andar no Espírito (Gl.5.25).

A igreja brasileira tem crescido em número, é verdade, mas tem lhe faltado um crescimento de qualidade. Estamos vivendo uma época de descrédito evangélico por causa do mau testemunho de vários líderes. A igreja se fez presente em vários segmentos da sociedade, isso é comprovado, mas nessa ascensão as implicações sociais, econômicas e políticas não estão sendo observadas com acuidade, prudência e compromisso com os valores do reino.

AS QUALIFICAÇÕES DO CARÁTER CRISTÃO

Mesmo conscientes da relativização dos valores morais e espirituais, a despeito das ideologias humanas que permeiam a sociedade, continuamos qualificando o caráter cristão como a capacidade de relevar ou priorizar:

Os valores espirituais acima dos bens materiais

A teologia da prosperidade tem ensinado a aquisição de bens materiais como sinal de que uma pessoa é bem-sucedida espiritualmente. Quanto mais possuir, mais abençoado é. O Mestre não ensinou assim. Ele disse: "Ajuntai para vós outros tesouros no céu, onde traça nem ferrugem corrói, e onde ladrões não escavam, nem roubam" (Mt 6.20; ver 2Co 8.1-9).

Buscar grandes aquisições e viver acima do padrão da comunidade compromete o testemunho cristão. Compartilhar com quem tem menos autentica a mensagem que pregamos. Cristo nos salvou para que desfrutemos dos valores do reino. Os valores materiais são mesquinhos e efêmeros em comparação com aquilo que tem dimensão eterna. Como líderes, somos chamados a optar por um estilo de vida simples, a bem do testemunho cristão. Nossas aspirações devem ser superiores a qualquer valor material e terreno.

Os valores da vocação acima dos valores pessoais

Queremos ressaltar que, pela causa do reino eterno, o que é valor pessoal pode ser exigido a bem do cumprimento da vocação. Muitas vezes os missionários solteiros sublimam o desejo de amar e ser amados — um valor natural da vida — para ser fiéis à sua vocação e honrar o nome do Senhor, preservando a idoneidade moral diante das tentações da vida, tornando-se referenciais para muitos.

Para alguns, Deus exige o casamento, como temos o exemplo do próprio Paulo. Ele argumenta que tinha o direito de ter a companhia de uma mulher, como os demais apóstolos.

"O único propósito do argumento é asseverar que o fato de abrir mão desse direito, não significava que não tinha direito a ele. O motivo de Paulo se sentir compelido a fazer esse tipo de defesa é que ele abriu mão desse direito. Ministros protestantes de hoje raramente se sentem compelidos a argumentar assim! A chave para tudo tem de ser para nós aquilo que era para Paulo — "nenhum obstáculo ao evangelho!"[4]

A história de missões nos relata também que alguns homens e mulheres solteiros, bem jovens, deixaram suas famílias, seus sonhos e expectativas futuras para se consagrarem à obra missionária.

Observando a força missionária no mundo, 78% são mulheres, dentre essas, as solteiras, a quem Deus separou para o celibato por causa do reino e que abnegadamente se doam na missão, abrindo mão do direito de se casar e ter filhos. Só com a renúncia dos desejos e autonegação é possível viver acima do natural, para não subjugar os valores morais e não comprometer a vocação sagrada.

Outro direito referido por Paulo é o de ser sustentado pela igreja e não precisar trabalhar. Mas, como a sua missão estava acima dos direitos pessoais, ele preferia não usar desse direito. Fez isso para honrar o nome do Senhor, não sendo pesado a ninguém e não mercadejando a Palavra de Deus (1Co 9.5,6,12; Fp 1.21).

O próprio Senhor Jesus afirmou: "Digno é o trabalhador do seu salário" (Mr 10.10). Deveríamos contrariar esse

---

[4] Gordon Fee. *Comentário exegético — 1 Coríntios.* São Paulo: Vida Nova, 2019. p. 519.

princípio do Mestre? O reino de Deus é regido por um princípio maior, e a esse, todos os demais, mesmo justos e retos, se dobram ao amor. Se é por amor, exclui-se qualquer direito ou exigência. O cristianismo está acima da lei — não só a lei da antiga aliança, mas de qualquer norma, dogma, estatuto e princípio, porque a lei do amor é que rege a vida do cristão.

Os valores do reino acima dos valores socioculturais

"Valores socioculturais são definidos a partir do próprio processo de socialização dos indivíduos (é algo transmitido e aprendido ao longo da vida). Somos ensinados a obedecer a uma regra geral de preceitos de moralidade, ética e norma que definem a cultura e expressam seus valores."[5] Apegar-se à sua cultura é um valor intrínseco, mas os valores do reino de Deus devem estar acima disso, pois temos a tendência de ser etnocêntricos.

Quando eu estava na Austrália, senti-me algumas vezes acuada pela cultura do primeiro mundo e desejei revelar o que temos de bom na cultura brasileira. Mas, certo dia, conversando com um missionário inglês, ele me disse, em um diálogo informal: "O missionário não tem nacionalidade, sua cidadania é celestial. Isso não exclui a nossa identidade nacional, mas nos coloca acima dela".

Recordei-me do que a Palavra nos ensina: "Pois a nossa pátria está nos céus, de onde também aguardamos o Salvador, o Senhor Jesus Cristo" (Fp 3.20). O apóstolo

---

[5] Definição da Prof. Vanessa Karla de Lima, doutoranda em Antropologia pela UFPB, abril de 2021.

Pedro nos lembra de que somos peregrinos e forasteiros (1Pe 2.11).

Durante as minhas aulas naquele país, observei que o professor só tinha exemplos das dificuldades dos missionários do primeiro mundo para se contextualizarem com a cultura dos países em desenvolvimento. Entendi a realidade histórica, mas declarei que desejava refletir sobre as dificuldades de um missionário de um país em desenvolvimento trabalhando no primeiro mundo.

Hoje, vendo o avanço missionário desses países, pergunto: Nós, brasileiros, estamos aptos a viver na Alemanha, Inglaterra, Estados Unidos ou em outros países desenvolvidos e nos contextualizarmos sem que nos sintamos diminuídos, só levando em nossa bagagem os valores do reino interiorizados no caráter? Ou será que somos capazes de viver em países pobres, entre os indígenas, entre o sertanejo, sem nos sobrepor a eles?

Sabemos que esse equilíbrio é um grande desafio, mas somos apenas coadjuvantes na missão; o Espírito Santo é o protagonista por excelência e está pronto a nos capacitar para tal.

A expressão do reino em qualquer obra que realizamos para Deus

Somos responsáveis pela expressão do reino na terra. Aliás, a igreja tem a missão de manifestá-la ao mundo. Na perspectiva do Senhor Jesus, à luz de Marcos 1.15, o reino de Deus é uma realidade presente para ser recebida agora, a qual define a posição futura e prepara o homem para entrar no reino de Deus porvir. "Sendo assim, presente e futuro são inseparáveis, o reino de Deus presente é também uma bênção escatológica. A vinda do reino é experimentada em dois estágios: presente e futuro. Ela é para ser gozada tanto aqui como na eternidade. Falando sobre o seu retorno, o Senhor Jesus não fala de um segundo evento escatológico, mas da consumação e da fruição que estão sendo trazidas ao cumprimento".[6]

Fica claro, então, que a igreja deve lidar com a tensão do reino que já veio e do reino que virá. Não podemos viver alienados do mundo, mas devemos influenciá-lo com o nosso testemunho de vida, com uma conduta digna e uma ética cristã que possam ser a expressão do reino de Deus. Também somos responsáveis pela expansão deste reino. Devemos ter um sério compromisso com a missão da igreja na proclamação do evangelho integral; lutar pela transformação social, como sal e luz do mundo, fazendo diferença em todos os segmentos da sociedade, expressando o caráter do reino em todas as suas dimensões (Rm 14.17; 1Co 4.20).

No reino de Deus a base da missão não é o que sabemos ou fazemos, mas o que somos e como fazemos; como realizamos a sua obra importa mais do que o que e quanto realizamos. A questão não é se temos a mais elevada graduação, se estudamos na mais conceituada escola teológica, se usamos uma tecnologia de ponta no nosso ministério, se trabalhamos em tempo integral ou se usamos a nossa profissão a serviço do reino. O importante é fazer tudo para Deus, expressando as virtudes do seu reino.

---

[6] Giorgio Paleari. *Espiritualidade e Missão*. São Paulo: Paulinas, 2002. p. 53.

Porque, do contrário, o nosso serviço e a nossa mensagem perdem a plataforma de credibilidade, "Visto que o reino de Deus não é simples sinônimo de justiça e paz social, mas é uma nova ordem de todas as coisas, de tudo que é bom, justo, puro e de tudo que compõe a realidade da vida presente e porvir em todas as suas dimensões".[7]

O CARÁTER CRISTÃO E AS BEM-AVENTURANÇAS

Os valores do caráter cristão podem ser considerados a maior riqueza de um servo de Deus, porque são os motivadores da felicidade. "Jesus nos faz lembrar que a felicidade não é algo que existe fora de nós mesmos. Trata-se de uma qualidade ou atitude interior. O significado radical de 'bem-aventurado' fica próximo das nossas palavras comuns 'feliz', 'afortunado'".[8] Essa felicidade não é egoísta. Quando a encontramos, contagiamos os que nos cercam e sentimos a real necessidade de comunicá-la ao outro. A própria ciência constata isso.

O dr. Martin Seligman, ex-presidente da Associação Americana de Psicologia, autor do best-seller *Felicidade autêntica*, afirma: "Quem pratica uma religião é claramente menos predisposto a usar drogas, a se divorciar e a cometer crimes e suicídio. Costuma ser mais saudável e viver mais. A relação entre fé religiosa e esperança no futuro acaba por afugentar o desespero e aumentar a

---

[7] George Eldon Ladd. *A Theology of the New Testament.* Library of Congress Cataloging in Publication, 1977. p. 301.

[8] Gottfried Brakemeier. *O Reino de Deus e a esperança apocalíptica.* São Leopoldo: Sinodal, 1984. p. 17.

O CARÁTER CRISTÃO APERFEIÇOADO: UM MODELO DE ESPIRITUALIDADE

felicidade. Preocupar-se demais consigo próprio só faz intensificar tendências depressivas. Talvez fôssemos mais felizes se nos preocupássemos mais com o outro. Ensinar as pessoas a ser felizes e a como intensificar essa felicidade é a mais agradável das tarefas".[9]

Se o fato de se preocupar com o outro é a receita da felicidade, o cristão com uma missão deve ser a pessoa mais feliz deste universo.

Transcrevi essa afirmação do dr. Martin a fim de introduzir minha reflexão a respeito da felicidade que desfrutamos no reino de Deus. Fica evidente que as verdades do Mestre por excelência, nosso divino psicólogo, pronunciadas há mais de 2 mil anos, ainda são atuais e podem ser confirmadas pelos eruditos da ciência. É necessário haver uma conscientização do sentido dessa felicidade e uma apropriação desse estado de felicidade que traz plena satisfação à vida.

A seguir, vamos observar outros aspectos do caráter cristão, aprendidos a partir das bem-aventuranças (Mt 5.1-12).

Ser pobre de espírito

Felizes os pobres de espírito. Ser pobre de espírito é ter uma humildade espiritual que faz com que a pessoa não veja em si mesma potencial algum e até se constranja por aquilo que tem recebido de Deus, por se julgar não merecedora. Nada exige, nem reclama. Essa atitude não a

---

[9] Martin Seligman. *Revista Veja*. São Paulo: Editora Abril, 10 de março de 2004.

desqualifica a pessoa diante dos outros, como alguém que pode ser humilhado e desprezado, porque ela é consciente do que não é em si mesma, mas do que é em Deus. O pobre de espírito é pobre de ambições materiais, livre de qualquer sentimento de justiça própria, destituído do egoísmo de valores pessoais e de tudo que possa colocar o "ser" em vantagem diante de Deus e do outro. As bem-aventuranças são características dos súditos do reino de Deus. Ser pobre de espírito é uma virtude daqueles que nasceram de novo e, consequentemente, morreram para si. Então concluem que de si nada têm, mas possuem e são possuídos por ele. Assim, são autênticos pela consciência de ser, ter e fazer em Deus e por Deus.

O pobre de espírito não busca a felicidade em valores materiais, não exige nada do outro e não encontra nada em si para tornar-se feliz, porque entende que felicidade é encontrar tudo em Deus, a essência de ser.

Ser pobre de espírito é negar-se a si mesmo. Quando o Senhor Jesus ensina que devemos negar a nós mesmos, ele está nos chamando ao quebrantamento, ao reconhecimento de que em nós mesmos não existe bem nenhum que corresponda ao Supremo Bem. É desenvolver um espírito de humildade, ser incapaz de encontrar em si alguma razão para se enaltecer ou se considerar digno de alguma dádiva.

C. S. Lewis afirmou: "Depois de conversarmos com alguém que tem a humildade do evangelho, o que impressiona é quanto essa pessoa se interessou por nós. Isso, porque a essência da humildade resultante do evangelho não é pensar em mim como se fosse mais, nem pensar em mim como se fosse menos; é pensar menos em mim mesmo. A humildade do evangelho mata a necessidade de pensar em mim.[10]

Podemos perguntar: E as virtudes naturais são postas à parte? Não devemos nos valorizar como pessoa? Essa atitude não prejudica a autoestima, tão relevante hoje como requisito imprescindível para o equilíbrio emocional? Tim LaHaye responde: "À medida que a pessoa se desenvolve gradualmente em sua vida espiritual, ela amadurecerá emocionalmente".[11] Chegar à maturidade é encontrar a essência da vida e gozar a verdadeira felicidade.

Há milênios, na tentativa de alcançar a felicidade, a filosofia reflete o caminho das virtudes morais na construção de uma humanidade perfeita, que é capaz de vencer as interferências da fraqueza humana para construir uma personalidade que torne o homem feliz e transforme a sociedade. Mas, sem o evangelho de Cristo, o caminho continua pedregoso e inalcançável: o topo da montanha.

A psicologia também tem reforçado o engano de uma felicidade atribuída ao mundo material, ao bem-estar pessoal. Uma amiga minha está fazendo terapia e o psicólogo a aconselhou: "Ame-se, vá ao shopping e se presenteie". É comum encontrar até pregadores incentivando o amor-próprio, a valorização do ser pelos bens materiais e o status social. Será que Jesus está reforçando esse amor? Não! Porque isso não é amar, é se agradar.

Pergunte a você mesmo: *Eu me amo ou me agrado?* Quem se ama verdadeiramente investe em seu crescimento, e isso

---

[10]   Timothy Keller. *Ego transformado*. São Paulo: Vida Nova, 2014. p. 34.
[11]   Tim LaHaye. *Como vencer a depressão*. São Paulo: Vida, 1980. p. 163.

envolve: renúncia, sacrifícios, doação de si mesmo, altruísmo. Quem se agrada é prisioneiro do prazer, e isso envolve: exclusivismo, rejeições, egoísmo, pré-conceitos e obsessões.

Quando Jesus respondeu sobre o maior mandamento, resumiu o amor. Ele não estava apresentando um terceiro mandamento, mas se referindo a um amor real, ao amor divino que está em nós, que se interessa pelo bem, que não exige a resposta que quer ouvir, a atenção que quer receber. E, quando perseguido, não responde com ameaças. Isso é sofredor. Quando maltratado, não se acha no direito de revidar. Quando alguém insulta, não sai com a razão em defesa da própria imagem. É sofrer por amor ao outro, porque é esse amor sacrificial que Jesus viveu e espera que vivamos.

Não temos propriedade para viver esse amor, mas a Palavra garante que: "O amor de Deus é derramado em nosso coração pelo Espírito Santo, que nos foi outorgado" (Rm 5.5). E amar fora da essência desse amor é apenas se agradar.

Quanto mais nos negamos, mais nos encontramos em Deus. E esse encontro é responsável por nos dar a consciência do que não somos em nós mesmos e o que somos nele. A negação de si se transforma na afirmação do próprio Deus em nós. É quando experimentamos nos perder em nós mesmos para nos encontrar nele (Fp 3.9).

Cristianismo é viver a vida de Jesus numa dinâmica de vida abundante, que jorra para a eternidade. Não a vida do homem natural, mas a vida do espiritual, que se nega para se encher da verdadeira vida. "Aquele que tem o Filho tem a vida..." (1Jo 5.12).

A recompensa de quem assim procede é receber o reino de Deus. Quem aprende a negar a si mesmo ganha para si o próprio reino. Se ganha o reino, nada lhe é negado, mas usufrui das benesses desse reino. "Os humildes de espírito são os que mais claramente veem a grandeza de Deus."[12]

Chorar

Felizes os que choram. Esse choro não é sinônimo de lamento nem de insatisfação, mas uma expressão de um coração quebrantado e contrito, tão necessário para o cumprimento da missão.

Quem entrou no reino de Deus deve entender que felicidade é chorar pelo próximo e pelas fraquezas de si mesmo. É chorar por nós mesmos, por causa do nosso egoísmo que se alegra quando ultrapassamos o outro, pelo espírito competitivo que temos dentro de nós, pelo nosso orgulho e nossa insensibilidade ao caráter perfeito de Deus.

É chorar por não conseguir viver bem com o outro, porque a convivência — seja do casal, da família ou dos solteiros que dividem residência — perdeu a tolerância, o respeito, e não se consegue suportar o outro. É chorar pela privação, não porque algo nos falta, mas pela dificuldade de conviver com a ausência. É chorar de saudade, chorar a dor da separação dos parentes e irmãos queridos, mas não porque justificamos a nossa espiritualidade na chamada missionária, mas pelo fato de entendermos que "nenhum laço de amor humano deve ter tanta força como o laço da vocação".[13]

---

[12] Russell Shedd. *A felicidade segundo Jesus.* São Paulo: Vida Nova, 1998. p. 26.

[13] L. Duewel Wesley. *Em chamas para Deus.* São Paulo: Candeia, 1994. p. 229.

É chorar não porque lhe foi vedado o direito de amar alguém, mas pela inadequação de conviver com a solidão, mesmo na consciência da soberana vontade de Deus. É chorar porque se sente fraco para enfrentar as tentações e, ao pecar, trancar-se em seu quarto e chorar por ter cometido o pecado; chorar a vulnerabilidade da natureza humana, que encontra tanta dificuldade em agradar a Deus plenamente.

É chorar pelos pecadores não salvos; por aqueles que sofrem pressões e são vítimas das injustiças sociais e dos sistemas políticos. É chorar quando não somos capazes de sair de nós mesmos e irmos ao encontro do necessitado para partilhar sua dor e necessidade. É chorar a incredulidade dos povos e lamentar a rejeição ao Salvador, como chorou Jesus diante de Jerusalém. É chorar, como fez o profeta Jeremias, pelo povo de Deus que tem se afastado dele.

Chorar pela igreja, que tem vivido superficialmente, cumprindo rituais e negligenciando sua missão no mundo. Se não temos chorado por esses motivos, devemos pedir lágrimas, como fez Oswaldo Smith, que orava: "Oh, que ele me quebrantasse e me fizesse chorar pela salvação das almas".[12]

Contudo, chora-se também de alegria. Alegria por ter recebido a graça redentora; por ser escolhido para pertencer a um Deus que é o Pai amoroso e benigno. Chora de alegria aquele que sente a ação direta e poderosa do Espírito Santo em sua vida e em seu ministério, que percebe a forma singular como o Senhor, apesar das fragilidades humanas, pode utilizar sua vida para ser bênção para outros.

O texto sagrado expressa que os discípulos "transbordavam de alegria" por verem os gentios recebendo a graça salvadora (At 13.52). Chora de alegria quem pode antegozar o céu no momento de solitude, quando o céu baixa à terra, e a terra é céu.

Certa vez eu estava enferma e não tinha recursos para ir ao médico. Eu era uma missionária voluntária, na década de 1980, e fiquei triste durante todo o dia. Mas, à tardinha, no meu momento de oração, o Espírito Santo encheu meu coração de um gozo tão profundo, que eu chorava, e ria, e cantava: "Depois que Cristo me salvou, a terra em céu se transformou, até no meio do sofrer, é céu a Cristo conhecer".

Felizes os que choram, porque receberão do Senhor o consolo, o reforço do céu e o encorajamento para tornar as lágrimas motivo para a felicidade.

Ser manso

Felizes os mansos. O manso é sereno, porque age de acordo com o ponto de vista que forma a partir de si mesmo, da consciência que tem da verdade e do direito.

Não reage emocionalmente, mas porta-se com segurança, porque aguarda do Senhor a direção e a força para atuar com equilíbrio. "O manso não faz valer o seu direito e não possui uma atitude defensiva. A mansidão, pois, necessariamente expressa-se por meio de toda a nossa postura e conduta em relação ao próximo".[14]

---

[14] Martyn Lloyd-Jones. *Estudos no Sermão do Monte.* São José dos Campos: Fiel, 1999. p. 62.

Ser manso é ser autêntico em sua expressão de vida. Aqui está a diferença: autenticidade! Segundo o *Dicionário Aurélio*, autêntico é aquilo que é do autor a quem se atribui; a que se pode dar fé; fidedigno; verdadeiro, real. O que se vai atribuir a alguém que julga, olhando para si mesmo, ser inadequado para a missão?

Quando a rainha Ester se dirigiu à presença do rei Assuero, foi destituída de si, mas a sua ousadia era autêntica pela fé que tinha em Deus. Quando Davi enfrentou o gigante Golias, que fazia temer todo o exército de Israel, foi desprovido de tudo, mas era autêntico na força e na coragem que vinha pela confiança no Senhor dos Exércitos. Era manso, mas um forte guerreiro.

A vida missionária é um desafio, e nunca devemos enfrentá-la confiados em nossa capacidade de adaptação cultural, nem em nossos diplomas e preparo acadêmico e prático. Essas providências ou recursos são necessários, mas, para obtermos vitórias no campo, é preciso relegar tudo isso a acessório, porque o essencial é ser autêntico.

Só é manso quem é autêntico e só é autêntico quem é consciente da sua realidade. O manso se inclina à vontade divina, porque é convicto de que, dentro do seu querer e determinação, Deus tudo pode e tudo faz.

Moisés foi considerado o homem mais manso da terra, mas teve atitudes fortes, como quebrar as tábuas da lei e arguir fortemente a Deus. Entretanto, Moisés sempre reagiu em harmonia com o conselho divino e expressou a sua ira e indignação por zelo pela causa sagrada. Essa mesma atitude teve Jesus quando, irado, expulsou os cambistas do templo. Ansiamos pela vinda visível do reino. Essa é a recompensa eterna do nosso trabalho. Os mansos herdarão a terra.

Ter fome e sede de justiça

Felizes os justos. Conhecedor de nossa natureza tão propensa ao mal, nossa índole egocêntrica e nossas tendências pecaminosas, o Senhor Jesus deu forte ênfase a essa bem-aventurança. Fez isso ao dizer que feliz é aquele que tem fome e sede de justiça — não é apenas ter um desejo, mas uma necessidade premente, uma carência, como alguém que, faminto e sedento, não pode se acomodar, mas busca com urgência saciar-se.

O dr. Martin Lloyd-Jones, comenta: "Ter fome e sede de justiça significa anelar por ser livre do pecado, porque o pecado nos separa de Deus. Assim sendo, o desejo de obter a justiça é o desejo de estar bem com Deus, desejo de se desvencilhar do pecado...".[15]

No relacionamento com Deus, sentimos quanto temos dificuldades de agradá-lo na íntegra. Por mais que queiramos vencer o pecado, ele continua diante de nós. Por mais que procuremos fazer o bem, mais nos deparamos com a nossa inadequação para fazê-lo de forma pura. E, mesmo procurando acertar, erramos: às vezes na condução das atitudes e às vezes nelas mesmas. Podemos até ter boas intenções, mas nos falta a emancipação de interesse próprio e despojamento pessoal.

A alma consciente dessa inadequação e desejosa de corresponder ao caráter perfeito do Pai tem uma fome e

---

[15] Ibidem, p. 70.

uma sede insaciáveis pela justiça de Deus, as quais só ele pode saciar. Ele promete saciar-nos na doação de Cristo — Justiça nossa —, no qual somos justificados, e, pelo Espírito Santo, transformados para sermos semelhantes a ele. Na justificação, somos livres da condenação do pecado. No processo da santificação, somos libertos do domínio, poder e controle do pecado. A esperança de viver uma eternidade fora da presença do pecado é o anelo de todo salvo.

Mas o Cristo não restringe a sede de justiça à questão da nossa retidão diante de Deus. Como ser feliz se olharmos apenas para nossa condição de justificados e nos gloriarmos com a certeza da vida eterna, sem nos preocuparmos com aqueles que não sabem que o preço da condenação foi pago e a justificação é para todo o que crer? Como ser feliz sem estender a mão para ajudar aqueles que são marginalizados? O cristianismo não se contenta com a ortodoxia sem a ortopraxia. Temos a responsabilidade de expressar o coração justo do divino que se comove com as injustiças sociais presentes nesta sociedade corrompida, mas, também, encontrada com outras faces dentro do contexto eclesial.

> Assim, embora a justiça tenha a ver primariamente com o relacionamento correto com Deus, a vida reta gerada por ela é profundamente social. Se você está procurando viver de acordo com a Bíblia, o conceito de justiça e o chamado para fazer justiça são inescapáveis. Fazer justiça inclui não apenas o conserto do que está errado, mas também generosidade e interesse social, especialmente em relação aos pobres e vulneráveis. Esse tipo de vida reflete o caráter de Deus.[16]

---

[16] Timothy Keller. *Justiça generosa*. São Paulo: Vida Nova, 2013. p. 30, 36.

O CARÁTER CRISTÃO APERFEIÇOADO: UM MODELO DE ESPIRITUALIDADE

Quem encontra a felicidade na fome e na sede da justiça divina pode ser saciado.

Ser misericordioso

Felizes os misericordiosos. Somos chamados a demonstrar compaixão de Deus pelos homens.

> A misericórdia é uma atitude de compaixão e de beneficência ativa e graciosa, expressa mediante o perdão calorosamente oferecido a um malfeitor. A misericórdia retém o julgamento que um homem merece; enquanto a graça outorga a bênção que esse homem não merece.[17]

Feliz aquele cujo coração se enternece com a miséria do seu próximo sem julgá-lo friamente; que procura entender o que se passa no interior da pessoa, conhecer quais as circunstâncias da vida que a influenciaram negativamente.

Esse é um exercício com a medida da compaixão por aqueles que sofrem, por aqueles que, de alguma forma, são vitimados por Satanás ou iludidos pelo mundo. É interessante notar que, logo após falar de justiça, o Senhor Jesus falou de misericórdia; uma não deve ser aplicada sem a outra. O dever do cristão é ser misericordioso, porque ele mesmo foi alvo da misericórdia de Deus.

A misericórdia não atua apenas no campo das relações interpessoais, de perdoar o ofensor, de não o tratar como ele merece. O Deus misericordioso das Escrituras prova

---

[17] R. N. Champlin. *Enciclopédia de Bíblia, Teologia e Filosofia*. São Paulo: Hagnos, v. 4, 2001. p. 299.

sua compaixão para com os que sofrem, os necessitados. A prática da justiça social é ensinada como exercício de misericórdia, ter um relacionamento correto e generoso com o outro.

Jesus contou a parábola do bom samaritano, dizendo que o sacerdote, líder religioso, quando viu o moribundo, passou ao largo dele; de igual modo agiu o levita, homem cumpridor da lei e dos rituais. Eles sabiam trabalhar com os objetos de culto e tinham disposição para isso, todavia não se comoviam com pessoas necessitadas.

O Senhor Jesus usa a figura religiosa do sacerdote e a do levita para mostrar como temos tendência de exercer a nossa missão priorizando nossos rituais e programas eclesiásticos, com zelo exacerbado pela doutrina, alheios à necessidade do homem, que é o objeto do amor de Deus.

Precisamos avaliar a nossa vivência missionária, checar se não estamos desprezando os necessitados ao fazer sobressair os princípios e as metas dos nossos projetos, se não estamos tratando o homem como objeto do nosso trabalho, olhando-o como número para os nossos relatórios ou apenas usando-o para as nossas pesquisas antropológicas. Devemos ser versados na teologia e na missiologia, mas também devemos saber trabalhar transpondo não só as barreiras culturais, mas as barreiras do coração em favor do próximo.

Com essa parábola, o Senhor Jesus estava nos dizendo também que todo o nosso zelo doutrinário, a tarefa missionária ou os rituais eclesiásticos, todo o nosso serviço a Deus, nada disso pode se sobrepor ao exercício da misericórdia. Aquele que usa de misericórdia com o seu próximo alcança a misericórdia de Deus. Que grande recompensa!

Ser puro de coração

Felizes os puros. Pureza de coração não é sinônimo de comportamento ético e cumprimento das regras da igreja ou da missão. Coração puro é feito de intenções puras. É motivação correta destituída de interesses pessoais. Não é uma atitude boa que indica se um coração é puro, mas o sentimento, a vontade, a intenção que levou à ação.

Esse é o segredo da verdadeira religião, a verdade no íntimo, a expressão daquilo que parte da alma. Porque o nosso Deus vê o profundo do ser. Ele esquadrinha o coração e não julga pela exterioridade (Sl 139). Nossas ações e reações devem ser controladas pela fonte da vida — um coração puro.

Um coração transformado por Deus pode gerar o bem em um plano superior de bondade humana. Não é uma questão de certo ou errado, mas de fazer o melhor, da melhor forma possível, alcançando o ideal de Jesus. "Enganoso é o coração, mais do que todas as coisas, e perverso; quem o conhecerá? Eu, o Senhor, esquadrinho o coração e provo os pensamentos; e isso para dar a cada um segundo os seus caminhos e segundo o fruto das suas ações" (Jr 17.9-10).

Só os puros de coração verão a Deus. O Deus perfeito e santo só será visto por aqueles que foram purificados e transformados no íntimo. Define-se a verdadeira pureza como sendo aquela atitude que é produzida pelo Espírito Santo no mais interno do ser.

Jesus promete uma recompensa aos puros de coração: "Verão a Deus". Alguns buscam a recompensa do galardão na visão apocalíptica — uma coroa de ouro, uma casa na cidade celestial. Mas o que é mais compensador?

C. S. Lewis comenta: "Há maior recompensa que não ser deixado do lado de fora, mas ser convidado a entrar e poder ouvir a aprovação do Ser perfeito: 'Vinde, benditos do meu Pai. Possuí por herança o reino que vos está preparado desde a fundação do mundo. Muito bem, servo bom e fiel; foste fiel no pouco sobre o muito te colocarei; entra no gozo do teu senhor' (Mt 25.34,23)".[18]

A melhor recompensa é ver a Deus, tanto numa perspectiva futura, na eternidade, presente.

Ser pacificador

Felizes os pacificadores. Ser pacificador é procurar compreender o outro na sua forma de ser e de agir. É não discutir, mas dialogar, procurando os pontos comuns e superando as divergências. Para promover a paz é necessário analisar as situações da vida e como elas se inserem no viver diário e influenciam as relações.

Um súdito do reino de Deus não pode ser contencioso, causar divisões ou desestabilizar a harmonia com incoerências ou impertinências.

Outra ação indispensável do pacificador é liberar o perdão. Por mais que procuremos viver em paz com alguém, sempre falhamos. Tanto nós quanto o outro sempre vamos infringir as leis da boa relação. Precisamos perdoar o outro: não apenas desculpar, no sentido social da palavra, mas oferecer o perdão que vai além de remover a culpa, dando ao outro as condições de sentir-se

---

[18] C. S. Lewis. *O peso de glória.* São Paulo: Vida, 2008. p. 47.

bem, sem cobranças nem lembranças dos fatos passados. Por isso, a Palavra exorta: "Se possível, quanto depender de vós, tende paz com todos os homens" (Rm 12.18).

Muitas são as circunstâncias conflitantes que quebram a comunhão e geram um ambiente desfavorável à paz. A palavra afirma que há algo que podemos fazer, buscando restaurar a relação, se as nossas iniciativas não surtirem o efeito esperado. Levemos o caso a Deus em oração, e o Senhor certamente nos ajudará a conviver numa margem de amor e tolerância pacífica. "Ele é a nossa paz [...] tendo derribado a parede da separação que estava no meio, a inimizade" (Ef 2.14).

Estamos indo aos povos com uma mensagem de paz, porque o Príncipe da paz promove a harmonia entre os homens e é capaz de trazer a unidade nas diversidades e resolver os conflitos na vida. Nossa missão é pacificar não apenas no nosso ambiente familiar ou de equipe, mas em qualquer parte, onde formos chamados para aconselhar, para resolver questões entre as famílias ou entre as pessoas. Que sejamos sempre usados como pontes para unir, e nunca como barreiras para dividir.

Como filhos de Deus, temos o ministério da reconciliação, porque os pacificadores serão chamados filhos de Deus. Essa é a recompensa, a certidão de filiação, a participação na natureza do nosso Pai.

Ser perseguido por causa da justiça

Felizes os que são perseguidos. Quando nos dispomos a cumprir a missão de levar o reino de Deus aos homens, estamos indo para promover a justiça. Prioritariamente, a mensagem cristã é a justificação pela fé, a justiça divina satisfeita em Cristo. Por isso existe o Calvário na história da humanidade, a cruz no centro, o Justo morrendo pelos pecadores.

Secundariamente, a mensagem cristã é de justiça social. Como enviados de Deus, devemos lutar pela igualdade de direitos para todos: água potável, alimento, escola, moradia, saúde, preservação do meio ambiente e outros. Essa luta não se define apenas como a defesa diante dos órgãos públicos, mas é a promoção dos direitos humanos no exercício da missão integral da igreja, a qual é chamada para repartir e revelar o amor de Cristo em obras concretas para o bem comum (Tg 2.14-26 e Mt 25.31-46). Como diz a máxima de Lausanne: "O evangelho todo, para o homem todo e para todos os homens".[19]

Quem busca a justiça vem a ser perseguido porque o mal sempre se opõe ao bem. Mas, se é pela justiça, essa perseguição traz bem-aventurança. A perseguição pode se dar pelos sistemas sociopolíticos-econômicos; pelos regimes opressores; pelo fundamentalismo das ideologias e religiões que se opõem ao cristianismo.

As perseguições sempre estiveram presentes na história da Igreja. A Missão Portas Abertas classifica cinquenta países onde a igreja sofre perseguição, e milhares são martirizados por causa do evangelho.[20] Muitos estão presos; alguns sofrem perseguição aberta — em países

---

[19] Pacto de Lausanne. Disponível em: https://lausanne.org/pt-br/recursos-multimidia-pt-br/covenant/pacto-de-lausanne. Acesso em: 12 abr. 2022.

[20] *Revista Portas Abertas*. Março de 2006. v. 24, n. 2.

onde é proibida a entrada de missionários — e outros são perseguidos de forma mais sutil — como dentro da América Latina e em outras partes do mundo.

Uma vida comprometida com o evangelho está sujeita a diversas formas de pressões que podem resultar em perseguições. Aquele que busca se identificar com Jesus, fazendo valer a verdade do evangelho, vivendo o caráter do reino na Palavra e nas obras, certamente sofrerá perseguição. Jesus preveniu os discípulos quando disse: "Bem-aventurado serão vocês quando, por minha causa os insultarem, os perseguirem..." (Mt 5.10-12). Instruindo a Timóteo, Paulo assegura: "De fato, todos os que desejam viver piedosamente em Cristo Jesus serão perseguidos" (2Tm 3.12).19

> A cruz de Cristo é símbolo do serviço sacrificial, o lugar do sofrimento no serviço, e na obra missionária é pouco ensinado hoje; o segredo da efetividade missionária é a disposição para sofrer e morrer. Deus usa o sofrimento como meio de graça. [...] Sofrimento e serviço, paixão e missão fazem parte da experiência de Jesus e de seus discípulos.[21]

Muitos servos de Deus têm experimentado sofrimentos, enfrentando oposição na família, no ambiente de trabalho e em outros segmentos da sociedade, por se manterem fiéis à Verdade, posicionando-se por uma moralidade e uma ética cristãs. A Palavra nos exorta que devemos ter por motivo de alegria passar por várias

---

[21] Leonora Antonia van der Meer. *Missionários feridos*. Viçosa: Ultimato, 2009. p. 29.

provações, porque a provação produz perseverança e tem como alvo não nos deixar com nenhuma deficiência (Tg 1.2-4). Vida deficiente é morbidez e não combina com um bem-aventurado.

O compromisso com a expansão do reino de Deus deve nos tornar fortes para enfrentar todo tipo de perseguição sem nunca esmorecer. Mesmo expondo a nossa vida a perigos e até a morte, sigamos o exemplo do missionário Jim Elliot, morto pelos índios aucas, do Equador, que disse: "Não é tolo aquele que dá o que não pode guardar, a fim de obter o que não pode perder".[22]

Questões para reflexão pessoal ou em grupo, em atitude de oração

1. Somos conscientes de que nossas disposições naturais, nosso temperamento e nosso esforço humano para agradar a Deus jamais podem servir de base para expressão do caráter cristão?

---

[22] Ruth Tucker. *Até os confins da Terra*. São Paulo: Vida Nova, 1996. p. 339.

2. Temos desejado e permitido que o Espírito Santo forme em nós o caráter de Cristo?

3. Que atitudes devemos tomar para que o nosso caráter seja formado nas virtudes que promovem a felicidade?

capítulo três

ESPIRITUALIDADE
ENCARNADA E
REPRODUZIDA

Deus se revela ao homem, sua obra-prima, por meio da criação. Como diz o salmista: "Os céus proclamam a glória de Deus, e o firmamento anuncia as obras das suas mãos" (Sl 19.1). Porém, o Criador não se satisfez em se expressar apenas por meio da natureza por ele criada. Propôs manifestar a si mesmo de forma tangível, num plano superior, tornando-se semelhante ao homem. O desejo de Deus era aproximar-se do homem, revelando-se, expressando o seu próprio ser. A encarnação de Jesus concretiza o plano eterno: conhecer a Deus na face de Cristo.

Esse supremo propósito é o grande mistério do cristianismo, porque ultrapassa a obra sublime da criação natural, extrapola um plano terreno e se sobrepõe à limitação humana, transcendendo qualquer forma de entendimento. Deus em Cristo e Cristo em Deus na agência do

Espírito Santo geram um novo homem, para formar um Corpo para o Filho e estabelecer a relação entre o Deus santo e o pecador, para aproximar o céu da terra, para unir o infinito ao finito, o temporal ao eterno.

Um dos nomes de Deus é Jeová Elchim, o Deus que se revela. Esta é uma das características divinas: tornar-se conhecido à sua criação. O escritor de Hebreus declara: "Havendo Deus, outrora, falado, muitas vezes e de muitas maneiras, aos pais, pelos profetas, nestes últimos dias, nos falou pelo Filho" (Hb 1.1,2).

A maneira mais adequada para a demonstração dessa revelação a expressão da sua personalidade, da essência divina a ser conhecida na pessoa de Jesus. O Filho "é o resplendor da glória e expressão exata do seu Ser" (Hb 1.3). O Deus-homem oferece ao homem a forma perfeita de sua personalidade. "Ele, subsistindo em forma de Deus [...] a si mesmo se esvaziou [...] tornando-se em semelhança de homens" (Fp 2.6,7).

O propósito do Pai é tornar-nos semelhantes ao seu Filho. A pessoa divina em forma humana torna possível o plano do Pai: gerar muitos filhos que multipliquem essa imagem, para que assim a revelação divina seja expandida a todas as gentes e em todas as gerações.

Há muitos testemunhos, na história, de homens e mulheres que viveram em total abnegação, a ponto de o povo a quem serviam poder testemunhar da sua semelhança com o seu Senhor.

Wilfred Grenfell, médico missionário britânico que serviu por quarenta anos no Labrador (Canadá), recebeu o título de nobreza em 1927. Mas, para o povo daquela península, ele era nada menos que um santo, e talvez mais.

Nas palavras de um devoto admirador: "Se Wilfred Grenfell entrasse por aquela porta agora eu sentiria que Jesus Cristo tinha chegado".[1] Na encarnação de Jesus, Deus estava dizendo que é possível ter filhos que se assemelhem ao primogênito.

Na aceitação da humanidade perfeita do Filho de Deus, somos capazes de afirmar que ele era como um de nós, com as mesmas tendências e as fragilidades próprias da humanidade: "Visto, pois, que os filhos têm participação comum de carne e sangue, destes também ele, igualmente, participou" (Hb 2.14).

O primeiro passo para entrarmos no processo de formação do divino em nós é afirmar, com toda certeza de fé, que Jesus era perfeitamente homem e que permaneceu justo e santo porque lutou contra o pecado em sua própria natureza humana (Hb 4.15).

Se cremos assim, devemos ter consciência de que o propósito do Pai, de nos tornar semelhantes a ele, é alcançável não na dimensão de sua perfeição, enquanto estivermos presos à nossa condição pecaminosa, mas no fato de nos assemelharmos dia a dia à sua imagem moral, às suas virtudes e valores, aguardando o dia em que o corpo mortal se revestirá da imortalidade, para sermos semelhantes a ele em sua plenitude! Ele nos escolheu com esse propósito.

A escolha é um ato da soberania divina. Independentemente do que somos ou fazemos, Deus nos separou para si. A única razão da escolha foi o seu amor, revelado por

---

[1] Ruth Tucker. *Até aos confins da Terra*. São Paulo: Vida Nova, 1996. p. 358.

meio do Verbo encarnado — expressão máxima de seu amor ao homem. Esse amor em nós deve se manifestar ao outro na mesma essência divina (1Jo 4.7-12).

O verdadeiro cristianismo não se confina nas estruturas eclesiásticas, nem em expressões litúrgicas, nem em obras assistenciais. "Cristo em vós, a esperança da glória" (Cl 1.27). Cristo em nós é a vida de Deus em nossa vida. Que plano glorioso! É esperança da glória porque "ainda não se manifestou o que haveremos de ser. Sabemos que, quando ele se manifestar, seremos semelhantes a ele, porque havercmos de vê-lo como ele é" (1Jo 3.2).

Sem viver esse modelo, nenhuma missão pode alcançar seu objetivo final de reproduzir para o reino eterno aqueles que, nascidos de Deus, passem a viver a sua vida conforme a imagem do Filho (2Co 3.18). É o Filho reproduzindo filhos para Deus, por meio de sua vida e obra continuadas por seus discípulos, na direção do Espírito Santo, a fim de cumprirem o sublime propósito do Pai.

SEMELHANTES A JESUS NA SUBMISSÃO À VONTADE SOBERANA DE DEUS

Jesus, enquanto aguardava a maioridade, revelou consciência dessa dualidade de filiação, pois prestava submissão aos seus pais terrenos. Ficou no templo cuidando dos negócios do Pai celeste, mas, quando encontrado, desceu para Nazaré com seus pais e era-lhes obediente, segundo relata Lucas (2.41-50).

Mesmo sendo Filho de Deus, submeteu-se ao processo de amadurecimento para aprender a obediência: "Embora sendo Filho, aprendeu a obediência pelas coisas que sofreu" (Hb 5.8). Precisaria ele aprender? Durante toda a sua vida mantinha profunda relação com o Pai, para assimilar a forma e o estilo de vida que precisava viver, sem sair do padrão divino, e para seguir à risca os contornos da vontade soberana numa esfera humana, sendo em tudo submisso, para ser exemplo aos seus seguidores.

O texto supracitado de Hebreus rejeita o docetismo (negação da humanidade de Jesus), porque nos mostra que, na sua humanidade, Jesus precisou passar pelo processo de aprendizagem das virtudes morais e espirituais, num grau de perfeição da realidade divina. "Nada havia na sua divindade que impedisse que sua condição humana sofresse e aprendesse a obedecer. Como homem, ele tinha a vontade humana que poderia escolher o mal; mas não fez tal escolha."[2] Ele viveu na limitação de sua humanidade, sujeito ao tempo e ao espaço. Foi afetado pela fome, pelo cansaço, pela sede. Lutou contra o pecado e se expôs ao contexto terreno. Mas conciliou o estilo de vida terreno com a vontade soberana do Pai.

Certa feita, quando os discípulos insistiam para que ele comesse, pois sabiam que estava cansado e com fome, Jesus declarou: "A minha comida consiste em fazer a vontade daquele que me enviou e realizar a sua obra" (Jo 4.34). A sua vida subsistia com o ingrediente insubstituível da vontade divina.

Muitas vezes, vivemos preocupados em cumprir programas e somos afetados pelo ativismo tão comum à

---

[2]   R. N. Champlim. *O Novo Testamento interpretado versículo por versículo.* São Paulo: Candeia, 1980, v. 5. p. 529.

vida moderna. Até nos gloriamos com a nossa agenda tão cheia e com tantos compromissos. É necessário refletir que nem sempre estamos fazendo a obra de Deus simplesmente pelo fato de estarmos ocupados com ela. Fazer a obra de Deus é cumprir os propósitos para os quais ele nos escolheu.

Para Jesus, ele só estaria realizando a obra do Pai se estivesse fazendo a vontade do Pai. Sua missão era essencialmente cumprir essa vontade. Diante do cálice no Getsêmani, ele entra em conflito com a vontade do Pai: "Se queres, passa...". Por três vezes clama com profunda angústia de alma, a ponto de seu suor se transformar em sangue, dizendo: "Se não é possível passar de mim este cálice sem que eu o beba, faça-se a tua vontade" (Lc 22.41; Mt 26.42).

Não foi fácil aceitar o plano do Pai, mas Jesus submeteu-se em obediência até a morte, e morte de cruz, oferecendo-se no altar dos sacrifícios com forte clamor, oração e súplicas (Fp 2.8; Hb 5.7), até que pôde exclamar no último momento de sua vida terrena: "Está consumado!".

SEMELHANTES A JESUS NA RELAÇÃO COM NÓS MESMOS

Jesus sabia do potencial que tinha, mas decidiu não o explorar, porque preferiu agir na forma de servo e na condição humana. Ele fazia prevalecer a sua decisão resoluta em toda a sua trajetória terrena. Temos visto líderes caindo em tentação, mesmo repugnando o pecado e desejosos de agradar a Deus, mas confessando que não resistiram à inclinação da carne. Como explicar isso? Faltou o precioso ingrediente da vontade resoluta! Não é a oração, o jejum, nem outra disciplina espiritual que decidirão a vitória. Isso também é necessário, mas é a decisão interior, mais forte que qualquer desejo ou impulso, que nos guardará o pé da queda.

Manter a vontade rendida a Deus. Jesus se esvaziou: o verbo *kevów* (Fp 2.7) também significa "privar-se de", "anular-se". Ele se esvaziou de interesses pessoais e da vontade própria. "Cristo pôs ao lado os seus atributos e poderes divinos, para que pudesse compartilhar plenamente da condição humana, em sua fraqueza e sorte."[3] Ele poderia agir de forma diferente, ostentando o seu poder, mas se esvaziou dele, sem deixar de ser essencialmente divino. É o poder do controle espiritual sobre a força da vontade natural, o fruto do Espírito — domínio próprio (Gl 5.22).

Temos a tendência de atribuir as vitórias de Cristo e sua impecabilidade ao fato de ele ser divino, mas precisamos nos lembrar de que sua encarnação foi perfeita. Quando ele assumiu a humanidade, cumpriu sua missão como homem. "Em sua encarnação, ele se autolimitou, e, por isso mesmo, realizou tudo pelo poder de sua humanidade espiritualizada, mediante a virtude da presença e da capacitação dada pelo Espírito Santo".[4]

Diante do exemplo de Cristo, precisamos nos esvaziar de nossos valores e virtudes, de nosso potencial e capacitação humana, para sermos tratados em nosso ego. Mas o que geralmente acontece é que, quando somos tratados

---

[3] Ibidem, p. 30.
[4] Ibidem, p. 29.

por Deus para aprender a lhe render nossa vontade, logo desistimos, porque crescer dói, a rendição tem um preço, e não refletimos sobre as benévolas consequências que trazem o processo de esvaziamento para o nosso aperfeiçoamento moral e espiritual. Precisamos aprender com o nosso Mestre o processo do esvaziamento de nós mesmos.

Jesus nunca hesitou em mostrar seus limites. Quando a mãe de Tiago e João pediu que ele colocasse os filhos dela ao lado direito e esquerdo no reino eterno, Jesus afirmou: "O assentar-se à minha direita e à minha esquerda não me compete concedê-lo" (Mt 20.23). Quando os discípulos lhe indagaram acerca do tempo da restauração do reino de Israel, ele respondeu que esse assunto o Pai reservara para a sua exclusiva autoridade (At 1.7). Declarou que, a respeito daquele dia e hora, ninguém sabe, nem os anjos, nem o Filho, senão o Pai (Mt 24.36).

Uma das maiores lutas no relacionamento humano é a nossa dificuldade de admitir nossos limites. Como precisamos aprender com o nosso Mestre, o Mestre da vida! Ele se humilhou, deixou as riquezas de sua glória para assumir a forma de servo humilde, agindo sob a posição e o caráter de um escravo. Ele chegou à extrema humilhação de despir a túnica de rabi, cingir-se com uma toalha, tomar uma bacia com água e lavar os pés dos seus discípulos (Jo 13.1-11). Afirmou que não veio para ser servido, mas para servir e dar a sua vida em resgate por muitos (Mc 10.45).

Trabalhou a si mesmo para manter-se humilde, tanto na postura de rabi e Senhor, que confessou ser, como na função de escravo. Despir a túnica e cingir-se da toalha não influenciaria a sua realidade de ser — a humildade fazia parte de sua natureza. Nasceu numa estrebaria, viveu em Nazaré, longe do centro dos poderes políticos e socioeconômicos e das autoridades religiosas. Na sua humildade, ele optou por uma vida simples. A sua humildade nos encanta.

Na narração joanina acerca da multiplicação dos pães e peixes, quando a multidão viu o sinal que ele fizera, quiseram proclamá-lo rei. Jesus, percebendo a intenção, retirou-se sozinho para o monte (Jo 6.14,15). Ele fugia dos aplausos das multidões e rejeitava tudo aquilo que não encontrasse razão de ser em Deus. Ele é o Mestre da humildade e com muita propriedade nos convida a aprender dele: "Aprendei de mim, porque sou manso e humilde de coração" (Mt 11.29).

SEMELHANTES A JESUS NA RELAÇÃO COM O PRÓXIMO

Jesus considerava o ser humano no valor de ser pessoa e não tratava ninguém segundo hierarquia, status, poder aquisitivo ou outra coisa qualquer. Recebia as criancinhas e as abençoava; deteve-se para atender a um pedinte cego; livrou uma adúltera do apedrejamento; aproveitou o contato com uma samaritana para ensinar o respeito que é devido a uma mulher, quebrando paradigmas até hoje realçados em qualquer cultura ou povo.

Na sua relação com os políticos, ele nunca foi manipulado. Mesmo sabendo que Herodes (governador da Galileia e Pereia) se esforçava por vê-lo, Jesus nunca se dispôs a visitar o palácio e atender os poderosos (Lc 9.9). O humilde nazareno também se indignava e se irava diante dos atos degradantes da religião que permitia o comércio no pátio do Templo; ele derrubou as mesas e expulsou os cambistas (Jo 2.13-17). Diante do interrogatório de Anás e Pilatos foi autêntico e firme, não se sujeitando a uma lógica inescrupulosa, e confrontou as ações injustas das autoridades, não negando a verdadeira causa da sua rejeição pelos judeus (Jo 18.18-34).

Diante daqueles que o procuravam com a intenção de tirar proveito de sua missão, ele os desestimulou de segui-lo. Deixou claro que não tinha nada a oferecer para quem pensava em tirar vantagens pessoais: "As raposas têm seus covis, e as aves do céu, ninho; mas o Filho do Homem não tem onde reclinar a cabeça" (Lc 9.58).

Jesus não demonstrou arrogância nem na hora de exercer o poder miraculoso da cura. Não tratou o cego com desprezo, mas expôs a si mesmo, para que o pedinte confirmasse para si a sua fé. "Credes que eu posso fazer isso?" (Mt 9.28).

Quando posto em um duro teste, não podendo discordar da lei de Moisés, nem ser contra a lei romana, ele consegue colocar a mulher adúltera acima da lei moral e cívica, julgando a causa pela lei do amor. Ele sempre colocou a lei do amor, que perdoa, acima da exigência dos códigos e juízos humanos. Outra vez, quando as autoridades religiosas queriam apanhá-lo em falta sobre a cobrança de impostos, sabiamente Jesus não ficou contra César a favor de Deus, nem a favor de Deus contra César (Mt 22.21).

Quando seus discípulos foram acusados pelos fariseus de colher espigas no sábado, Jesus os defendeu lembrando os acusadores que Deus não condenou Davi por comer o pão da proposição, e realçou que o sentido da lei nunca foi sobrepujar o homem nem subjugá-lo, pois "o sábado foi estabelecido por causa do homem, e não o homem por causa do sábado" (Mc 2.27). Ele se colocou como escudo para eles, confessando ser maior que o templo e o Senhor do sábado (Mt 12.1-8). Ele desenvolveu uma profunda amizade com Maria, Marta e Lázaro. Com eles, Jesus tinha um lugar de refúgio. A amizade era desfrutada numa relação de puro amor. No episódio em que Maria unge os pés de Jesus e enxuga-os com os seus cabelos, ele se sentiu acolhido e amado: aceitou a oferta do nardo puro como a antecipação de seu embalsamamento e repreendeu os seus acusadores (Jo 12.1-8).

Na cruz, dilacerado e em profunda dor, ainda tirou forças para perdoar os seus algozes e atender a um ladrão que, ao seu lado, entendeu seu sacrifício. Naquele momento, qualquer um iria se sentir com as emoções fragilizadas e concentradas na agonia e no desespero pessoais. Jesus ainda foi capaz de sentir a dor de sua mãe e acalentar-lhe a alma, dando ao discípulo amado a responsabilidade de cuidar dela (Jo 19.26,27). Ele viveu a humanidade perfeita, não se vitimizou, não procurou culpados; viveu numa dimensão muito mais elevada do que a religião, a cultura e a sociedade propunham. A consciência de sua identidade e do propósito do Pai para sua vida delineava as suas relações com o próximo.

SEMELHANTES A JESUS NA LUTA CONTRA O PECADO E NO ENFRENTAMENTO AO DIABO

"Foi ele tentado em todas as coisas, à nossa semelhança, mas sem pecado" (Hb 4.15). Quantas vezes desculpamos os nossos pecados por causa da fragilidade da nossa natureza humana? Somos frágeis, é verdade, o próprio Jesus admitiu isso quando preveniu os discípulos acerca da tentação: "O espírito, na verdade, está pronto, mas a carne é fraca" (Mt 16.41).

Porém, a consciência da fraqueza da natureza humana deve servir para tomarmos uma postura firme contra o pecado: "Vigiai e orai, para que não entreis em tentação" (Mt 26.41). Vigilância e oração são prevenção à queda.

O Senhor Jesus vigiou o prazer da alma de ser acalentada, fugiu da autocomiseração. Não aceitou a lamentação das mulheres diante do seu sofrimento, mas disse: "Não choreis por mim; chorai antes, por vós mesmas e por vossos filhos!" (Lc 23.27,28).

Ele estava atento à interpretação maldosa com respeito à sua relação com a mulher que o ungiu e lhe beijava os pés. Imediatamente revela o pensamento do fariseu que o convidara para jantar e conta-lhe uma história com profundas lições, interpretando a atitude daquela mulher e a relação dela com ele (Lc 7.36-49). Rejeitou, de outra feita, ser ovacionado pela mulher que enaltecia aquela que o gerou e o amamentou. Disse ele: "Antes, bem-aventurados são os que ouvem a Palavra de Deus e a guardam!" (Lc 11.27,28).

Jesus sabia fugir do assédio das multidões que, ávidas, o procuravam para receber benefícios, sem, contudo, desejar um compromisso sério em segui-lo. "Ele, porém, se retirava para lugares solitários e orava" (Lc 5.15,16).

Quando enfrentou Satanás no deserto, o tentador procurou atingir tanto sua necessidade física como sua necessidade de afirmação: "Se tu és o Filho de Deus transforma essas pedras em pão". Ofereceu a conquista dos reinos deste mundo num simples ato de dobrar-se perante ele. Levou Jesus ao pináculo do templo para dali se atirar promovendo um grande espetáculo, confiando na promessa do salmo 91.11-12, citado por ele mesmo. Era a tentação de confundir "usar Deus em vez de ser usado por ele". Todas as vezes, o Senhor Jesus usou a Escritura Sagrada com total habilidade: "Está escrito"! A citação *apropriada* do texto bíblico foi a arma contra o adversário, que teve de se retirar (Mt 4.1-10).

Quando, de forma dissimulada, o diabo usou as palavras de Pedro para tentar impedir Jesus de ir à cruz, ele o repreendeu de forma incisiva e direta: "Arreda, Satanás" (Mt 16.23). Venceu cada tentação com vontade ferrenha e decisão resoluta!

Quando criticado pelos irmãos por não procurar ostentar-se durante uma festa, não buscar os holofotes das multidões, Jesus reagiu com humildade; não se dobrou à insinuação deles, mostrando que o que contava para ele era andar dentro do tempo de Deus. Ele declarou aos irmãos, sem se intimidar diante da rejeição, que tinha consciência de que sua missão fazia confronto com o sistema mundano (Jo 7.2-10).

Jesus conseguiu resistir a Satanás ao longo do seu ministério porque, como homem, tinha uma compreensão clara da sua identidade e da sua vocação. Em determinada ocasião, ele declarou: "O príncipe deste mundo está vindo. Ele não tem nenhum direito sobre mim" (Jo.14.30). Em nenhuma área da sua vida o inimigo prevaleceu!

O Senhor Jesus, como homem, lutou firmemente contra o pecado. Sempre opondo-se às artimanhas e sutilezas do adversário. Ele usou a Palavra e a oração como recursos indispensáveis para manter-se longe do mal. Todo aquele que se dispõe a segui-lo deve se preparar para enfrentar a batalha espiritual com a armadura que o Espírito Santo oferece, para ser vitorioso em cada investida maligna.

SEMELHANTES A JESUS NA SUA VIDA DE ORAÇÃO

Como refletir a espiritualidade cristã sem observar o lugar e a dinâmica da oração na vida do nosso Mestre? Jesus provou que a oração é fundamental para encontrarmos o sentido da vida em Deus e receber direção e poder para executar todas as outras atividades.

Jesus deu prioridade à oração

Servir às multidões era uma atuação constante do ministério de Jesus, porém a oração era prioridade. Lucas diz: "grandes multidões afluíam para o ouvirem e serem curadas de suas enfermidades. Ele, porém, se retirava para lugares solitários e orava" (Lc 5.15,16). Com essa atitude, ele estava nos ensinando que as atividades ministeriais não podem tomar o lugar da oração.

Os evangelhos nos contam que ele sempre estava indo ao monte para orar a Deus. Não queremos defender um local geográfico, mas um lugar específico — um lugar onde o Mestre pudesse estar a sós com o Pai. Ele sentia a necessidade de estar sozinho. E, para isso, despedia as multidões e subia ao monte, a fim de orar (Mt 14.23).

A oração era uma prática pessoal e solitária: "Estando ele orando à parte..." (Lc 9.18). É necessário deixar à parte tudo e todos, até os mais íntimos e a própria obra do ministério, para estar sozinho com o Pai.

A oração comunitária é necessária, e frequentar as reuniões de oração é salutar, mas nada substitui a oração a sós com Deus. É necessário o momento solitário, porque ali abrimos a alma para expressar o que ninguém pode ouvir, por isso Jesus nos ensinou sobre o lugar secreto (Mt 6.6).

Quem nos entende perfeitamente senão o nosso Pai? Quem conhece as incoerências da nossa personalidade senão o divino Criador? Há uma concentração nesses momentos solitários em que nenhuma pessoa pode interferir, há uma linguagem que só os céus podem discernir. É um momento de comunhão, no qual se dá a interiorização da presença do ser divino na perspectiva singular e pessoal daquele que, ao se encontrar com Deus, só pode perceber a si mesmo no ser de Deus.

Há uma comunicação aberta, cujo código ninguém é capaz de decifrar. Jesus vivenciou a oração dessa forma. Porém, de forma concreta, ele a experimentou no monte da transfiguração: "Subiu ao monte com o propósito de orar. E aconteceu que, enquanto ele orava, a aparência do seu rosto se transfigurou e suas vestes resplandeceram" (Lc 9.28,29). A presença de Deus estava refletida de forma visível em Jesus. Mas, de forma subjetiva, a nossa vida pode ser um monte de transfiguração.

Andrew Newberg, cientista norte-americano, analisando imagens do cérebro captadas por tomógrafos com pessoas em oração e meditação, descobriu que, em certo momento de êxtase, o cérebro alcança um nível que ultrapassa o plano comum da humanidade. Para ele, "o mais desenvolvido órgão humano é especialmente calibrado para a experiência espiritual".[5]

A revelação da divindade na humanidade de Jesus foi possível pelo constante contato que ele mantinha com o Pai. A oração era a atmosfera de sua vida.

Jesus fazia da oração um estilo de vida

Jesus dependia do Pai e nada fazia sem antes buscar a sua direção pela oração. Antes de escolher os doze apóstolos, retirou-se para o monte a fim de orar, e passou a noite orando a Deus (Lc 6.12,13). Diz o comentarista M. Ryerson Turnbull: "Ele não podia ter vivido a sua vida humana, nem cumprido a sua missão sem o fortalecimento diário que recebia do Pai por intermédio da oração. Haverá uma outra coisa que revele mais claramente a realidade da pureza humana de Jesus do que o lugar eminente que a oração ocupava em sua vida?".[6]

A oração era um estilo de vida. Identificar-se com o Mestre em oração é fazer da oração uma vida que ora, e não um momento de oração na vida. A oração não se constitui de palavras lançadas ao ar, mas de sentimentos, desejos, compreensão e compromisso que se verbalizam. Como já foi dito: "Não há maneira de orar a Deus a não ser vivendo para ele".[7]

---

[5] Andrew Newberg. In: *Revista Superinteressante*. São Paulo. Edição 223, fevereiro de 2006. p. 34-35.

[6] M. Ryerson Turnbull. *Estudando Levítico e Hebreus*. São Paulo: Presbiteriana, 1954. p. 121.

[7] Durvalina Bezerra. *A missão de interceder*. Londrina: Descoberta, 2001. p. 11.

Jesus orava com intensidade e influenciava outros a orar. "E, saindo foi, como de costume, para o monte das Oliveiras" (Lc 22.39). Noites inteiras orando eram um hábito em sua vida. Foi vendo essa intensa vida de oração que os discípulos sentiram a necessidade de aprender a orar. "Estava Jesus orando em certo lugar; quando terminou, um dos seus discípulos lhe pediu: Senhor, ensina-nos a orar" (Lc 11.1).

O exemplo da vida de oração do líder incentiva o povo a buscar a presença de Deus e a desenvolver uma vida de oração. Wesley Duewel argumenta sobre a necessidade da oração para um ministério eficaz, expressando: "Devemos ser líderes modelos de oração. Só líderes que oram têm seguidores que oram".[8] Temos o perfeito exemplo do Mestre e devemos segui-lo.

Jesus tinha a oração como refúgio na hora da tentação

A oração era uma prática frequente e, quando surgia uma exigência especial, era intensificada. Após a multiplicação dos pães, o povo estava com o intuito de proclamá-lo rei. E ele precisava lidar com o ciúme de Herodes e dos fariseus, o que aumentava a dificuldade de lidar com esse tipo de situação.

> Por meio da multidão fanática, Satanás estava novamente oferecendo-lhe o domínio do mundo, sob a condição de ele seguir uma política mundana. Seu ensino cuidadoso no decorrer do dia, acerca do reino messiânico, não tinha

---

[8] Wesley L. Duewel. *Em chamas para Deus*. São Paulo: Candeia, 1994. p. 229.

corrigido as ideias errôneas e populares; ele não pôde trazer ao povo a exata compreensão do seu ponto de vista.[9]

O que fez Jesus ao perceber esse laço? "Retirou-se novamente, sozinho, para o monte" (Jo 6.15). A oração é terapia para o dia da angústia.

Jesus, por meio da oração, procurou discernir a vontade do Pai e decidiu cumpri-la

Alguém já disse que orar é sintonizar nossos sentidos com a direção de Deus. Pela oração vem o discernimento da vontade do Pai. No Getsêmani, o Senhor Jesus prostrou-se sobre seu rosto. Na linguagem de Lucas, o Mestre estava em agonia e o seu suor se tornou como gotas de sangue (Lc 22.44). Ali havia o conflito entre o querer e o poder do Pai. Jesus tinha consciência de que o Pai, Deus infinito, onipotente, tudo podia fazer.

Então orou: "Tudo te é possível; passa..." (Mc 14.36). Deus tinha o poder de fazer de outro modo, o poder de julgar o pecado dos homens ou de salvá-los sem a cruz; para Deus nada é impossível! Nas palavras do evangelista Marcos, a expressão carrega este significado: "Todas as coisas te são possíveis, então passa..." Porém, o que estava em conflito era o querer. Por isso, Lucas notifica: "se queres, passa".

Mateus, porém, mostra uma progressão de sujeição: "Se possível, passe" (26.39); depois: "... se não é possível

---

[9] A. John Broadus. *Comentário de Mateus*. Rio de Janeiro: Casa Publicadora Batista, 1967. p. 75.

passar de mim este cálice sem que eu o beba" (v. 42). Ele não pede para que o cálice seja afastado, mas demonstra submissão.

O Senhor havia entendido que não poderia ser de outro modo. Não que o Pai não tivesse poder para fazer, mas o seu querer tinha de ser cumprido, porque era o seu propósito salvar os homens pela oferta do Filho. Então, moralmente era impossível passar ou fazer de outro modo. Ele conciliou o poder — "tudo te é possível" — com o querer — "faça-se a tua vontade".

O vocacionado precisa conhecer o lugar do Getsêmani em sua vida e identificar-se com a oração de entrega do seu Mestre, até poder declarar: "Não seja como eu quero, e sim como tu queres. Faça-se a tua vontade".

Lembremo-nos de que, na oração de entrega, o que está em foco não é o poder, mas o querer. A vontade é a maior expressão do poder, mesmo que se manifeste frágil e seja dominada pela circunstância ou pelo contexto humano. Temos, pois, de decidir pela vontade divina.

Jesus orava invocando a vinda do reino

Se queremos nos identificar com a vida de oração de Jesus, devemos orar pela vinda do reino. Ele nos ensinou a orar: "Venha o teu reino" (Mt 6.10). O propósito eterno de Deus é estabelecer o seu reino no coração dos homens. A ação missionária, antes de tudo, é levar o reino de Deus a todos os povos, manifestar o senhorio de Cristo entre as nações para que ele seja adorado e servido como o único Redentor da humanidade.

O reino veio e virá, é o "já e ainda não": Nós o aguardamos no segundo advento, o Reino em sua concretude, quando todos os inimigos se sujeitarem a Cristo. "Porque convém que ele reine até que haja posto todos os inimigos debaixo dos pés" (1Co 15.25).

Enquanto espalhamos a mensagem do reino, devemos invocar que o reino eterno venha. Identificar-se com Jesus em suas orações é clamar pela vinda do reino, porque a vitória completa ainda está por vir. "E será pregado este evangelho do reino por todo o mundo, para testemunho a todas as nações. Então, virá o fim" (Mt 24.14).

A pregação do evangelho expande o reino espiritual e antecipa a vinda do reino eterno. No Evangelho de João, capítulo 17, encontramos o Senhor Jesus exercitando o seu ministério sacerdotal, intercedendo por aqueles que viriam a crer nele por intermédio da pregação dos apóstolos. Ele nos ensina que, pela oração, os homens virão a crer. O apóstolo Paulo escreve à igreja de Tessalônica: "Finalmente, irmãos, orem por nós, para que a palavra do Senhor se propague rapidamente" (2Ts 3.1).

Paulo, ao comentar o texto de 1Timóteo 2.1-4, ressalta que a oração precede todas as demais ações *porque a oração alinha as expectativas humanas aos propósitos divinos.*

Diz um provérbio rabínico que, se um judeu não menciona o reino em suas orações, não está orando. Nós, seguidores do grande Raboni, se não oramos pela vinda do seu reino, não estamos nos identificando com ele em sua forma de orar. "Venha o teu reino"! Em meu livro *A missão de interceder* há uma sólida reflexão sobre a oração e sobre a tarefa do intercessor.

Questões para reflexão pessoal ou em grupo, em atitude de oração

1. Em que nível de aproximação você se encontra em semelhança com Jesus?

2. Coloquemo-nos diante do modelo do nosso Mestre aqui exposto e diante desse "espelho". É possível identificar os contornos e as linhas que confrontam a nossa imagem com a imagem dele?

3. Sendo o propósito divino de nos assemelharmos a seu Filho um plano tão elevado para a nossa frágil humanidade, estamos prontos a buscar a ação direta e poderosa do Espírito Santo para alcançar esse padrão?

capítulo quatro

JESUS E A **MISSÃO**: EXPRESSÃO DE ESPIRITUALIDADE

Buscar uma espiritualidade enclausurada, longe dos desafios deste mundo, defendendo a inocência, é ingenuidade. A verdadeira espiritualidade é revelada no exercício da missão (entenda-se por missão o ministério de cada um), enfrentando os opositores, tratando com o marginalizado, confrontando os sistemas mundanos, na tentação e nos conflitos da vida.

É indispensável refletir sobre a formação do caráter de Cristo como modelo de espiritualidade básica: sua relação com o Pai, seus posicionamentos perante os discípulos, sua firmeza diante dos opositores, nas relações, nas reações e nas adversidades da vida; sua sabedoria quando colocada em teste, sua inteligência no trato com o ser humano, sua disposição íntima em cumprir a missão que lhe foi confiada. As várias facetas do caráter de Cristo abrem um novo horizonte de beleza, pureza e perfeição que encanta qualquer ser. Tanto o mais sensível como o mais rude estremecem; o mais culto ou o mais simples se enternece; ele impacta seus opositores e quebranta seus seguidores.

Não proponho uma análise da personalidade do Filho do homem, nem um exame exegético dos textos bíblicos, apenas quero refletir, à luz das Escrituras, acerca de algumas observações do seu comportamento, vistas com os olhos da alma e analisadas sob a ótica do amor. E a finalidade disso é que, conhecendo o seu caráter, possamos desejar, com todo o nosso ser, nos assemelharmos a ele, permitindo que o Espírito Santo de Deus construa em nós os valores desse nobre caráter, visualizando sua missão perpetuada na terra por meio de nós, seus seguidores.

Desejamos que cada verdade mencionada a seguir sirva para confrontar-nos e levar-nos a desejar ardentemente seguir seus passos: agir como ele agiu, viver como ele viveu, obedecendo aos seus ensinos.

JESUS CUMPRIU A SUA MISSÃO SEM SE DESVIAR DO ALVO

O propósito da vinda do Senhor Jesus era a cruz, e ele viveu em direção a ela. Várias vezes revelou aos discípulos que iria padecer (Mt 16.21; 17.22,23). Rejeitou veementemente a oferta do diabo — quando este propôs a conquista dos reinos deste mundo sem o preço do sangue —, porque sabia que o plano de redenção traçado pelo Pai era a oferta do sacrifício vicário.

Quando Satanás usou as palavras de Pedro para dissuadi-lo de enfrentar tal tipo de vitupério, o Senhor Jesus, com urgência e autoridade, o repreendeu: "Arreda, Satanás! Tu és para mim pedra de tropeço" (Mt 16.23). Quando entrou em Jerusalém, montado em um jumentinho, a multidão o aclamava como rei: "Bendito o que vem em nome do Senhor! Hosana nas maiores alturas!" (Mt 21.9). Jesus não se empolgou com os louvores e a aceitação do povo. Ao entrar no templo, não relutou em derrubar as mesas dos cambistas (Mt 21.12,13), porque ele não estava comprometido com a imagem que os homens queriam lhe dar, nem se preocupava em corresponder às expectativas do seu povo, tampouco em estabelecer o perfil de um rei.

Seu alvo era agradar o Pai. Sua missão estava acima das necessidades do corpo e dos desejos da alma, acima de programas e estratégias de trabalho bem-estruturados. Era mais do que obras; era o compromisso com a realização dos propósitos divinos para ele estabelecidos pelo Pai.

O enviado sempre recebe muitas propostas na caminhada, que vêm com a intenção de tirá-lo da missão, como: as tentações dos prazeres da carne, da luxúria; as ofertas de aquisição de riquezas, status e poder.

Às vezes, para facilitar o cumprimento do projeto ministerial, nós nos apropriamos de estruturas de poder para alcançar vantagens pessoais que nos promovam diante da sociedade evangélica e que nos levem a alcançar os nossos próprios objetivos.

O propósito de Deus é preestabelecido, e sair dele representa um grande perigo para a vida toda. É comum ouvir alguém chamado para o ministério, ao receber uma boa proposta de trabalho profissional assalariado, dizer: "Eu vou trabalhar para ser um mantenedor da obra missionária". Outros estão prontos para ir ao campo, mas, se aparece no caminho um casamento que compromete a missão, desviam-se do alvo. Devemos constatar que só há plena realização no centro da vontade de Deus.

O Senhor tem um projeto de vida para cada um de nós, e para alcançá-lo é mister não fazer atalhos, mas olhar firmemente para Jesus e prosseguir para o alvo da soberana vocação.

JESUS CUMPRIU A SUA MISSÃO COM PLENA CONSCIÊNCIA DO PROPÓSITO DIVINO

Jesus sabia que não viera ao mundo por acaso. A missão o levava a cada passo em direção aos propósitos do Pai. Quando sentiu que a morte se aproximava, na perfeita humanidade, angustiou-se e não se comportou como um super-homem, mas deixou-se expressar o que sentia: "Agora, está angustiada a minha alma, e que direi eu?". Como Filho amado, conhecedor do coração bondoso e compassivo do Pai, poderia fazer esta petição: "Pai, salva-me desta hora". Porém a consciência da missão foi mais forte que a angústia que sentia, e ele afirma: "Mas precisamente com este propósito vim para esta hora" (Jo 12.27).

Conhecer os propósitos divinos para a nossa vida é fundamental, mas realizá-los é de igual importância. Há duas questões aqui: ser firme no propósito divino e ser sábio para perceber as implicações da realização dos propósitos dentro do contexto em que estamos inseridos.

É bom lembrar que os propósitos são revelados nas Escrituras Sagradas, em particular, e são conhecidos por meio das providências divinas e experiências da fé cristã.

Observamos que alguns têm a tendência de assumir o ministério desde que seus projetos sejam colocados em pauta, suas estratégias sejam aceitas e seus sonhos, realizados. Mas é necessário lembrar que os nossos ideais não são só nossos, são os ideais do reino. E nenhum projeto se concretiza desvinculado dos anseios do coração de muitos, pois a missão é da igreja, e os planos divinos se realizam no contexto do reino. Somos apenas um pequeno instrumento na grande orquestra de Deus.

O Senhor Jesus tinha consciência de que sua missão terrena seria rejeitada e seria de dor e sofrimento, mas em todo o tempo aceitou sem questionar e cumpriu sem vacilar o propósito do Pai, pois reconhecia a sua soberania.

JESUS CUMPRIU A SUA MISSÃO NA TOTAL DEPENDÊNCIA DO PAI

O Senhor Jesus não usou subterfúgios, mas admitiu que nada podia fazer por si mesmo. "O Filho nada pode fazer de si mesmo, senão somente aquilo que vir fazer o Pai" (Jo 5.19). "Ninguém pode vir a mim se o Pai, que me enviou, não o trouxer" (Jo 6.44, ver também Jo 6.65). Isso não o colocava numa posição cômoda; pelo contrário, ele trabalhava arduamente, mas sob o poder, a direção, a sabedoria e as virtudes que vinham do céu. Ele não concentrava nada em si mesmo e nunca ousou fazer alguma coisa que estivesse fora do domínio do Pai.

Como precisamos aprender com esse Mestre! Na nossa insignificância, muitas vezes, queremos agir por conta própria. Planejamos e queremos que Deus nos abençoe, sem primeiro submeter o plano à sua aprovação. Outras vezes, copiamos modelos de trabalhos, porque estão dando certo, e ainda reclamamos com Deus quando não obtemos sucesso, pois achamos que ele tem obrigação de nos favorecer, desconhecendo o perfil ministerial e os diferentes dons que o Senhor distribui a cada um.

Jesus era diferente, a sua vida subsistia pela vida do Pai. Ele não podia se movimentar em nenhuma direção, nem decidir sobre nenhum aspecto da vida (nem mesmo aqueles que julgamos ser de ordem natural). Sua vida, enquanto missão, era uma expressão da comunhão trinitariana. "Eu vivo pelo Pai" (Jo 6.57), disse Jesus. Não pretendeu ser reconhecido por si mesmo, querendo impor uma autoridade puramente pessoal; ele declarou: "Se eu julgo, o meu juízo é verdadeiro, porque não sou eu só, porém eu e aquele que me enviou" (Jo 8.16).

Jesus provou, no relatório que fez ao Pai no final de seu ministério, conforme João 17, que centralizou a sua missão em Deus: "Eu te glorifiquei"; "Manifestei o teu nome"; "Tenho transmitido as palavras que me deste"; "Todas as minhas coisas são tuas, e as tuas coisas são minhas"; "Tu, ó Pai, em mim e eu em ti".

Jesus deixou esse exemplo. O que poderemos fazer por nós mesmos? Ele viveu essa realidade de dependência e alertou os seus discípulos de que este era o modelo que deveriam seguir: "Sem mim nada podeis fazer" (Jo 15.5). Nada na missão pode ser feito por autoridade própria. A vida e a obra do missionário, do ministro do evangelho, devem ser testificadas e autenticadas pela presença e ação divinas.

Há uma grande tendência nos vocacionados: ao terminarem o curso de preparo ministerial, muitos pensam que, agora, com o diploma na mão, serão capazes de fazer a obra de Deus. Porém, nenhum preparo teológico, missiológico e ministerial, por melhor que seja, é suficiente para a realização da missão. A missão tem um Senhor, e só dependentes dele podemos cumpri-la. Nosso preparo é válido, mas apenas se submetido ao Senhor da missão. Igualmente, qualquer cristão, seja qual for seu envolvimento na obra missionária, ou no exercício de sua função no corpo de Cristo, está sob o mesmo ideal, como ensinou-nos o Mestre.

JESUS CUMPRIU A SUA MISSÃO COM PAIXÃO

Quando Jesus via as multidões, se compadecia delas, porque as pessoas eram a sua paixão. O coração do Mestre era apaixonado por gente.

Quando vemos as pessoas atendendo ao apelo missionário, preocupa-nos o foco da atenção: se a comoção é pelas pessoas — os indivíduos pecadores sem salvação — ou se focalizam um país ou uma cultura, ou a si mesmos na missão. Será que ainda precisamos perguntar como aquele judeu: "Quem é o meu próximo?". Será que focalizamos um povo para a ação missionária e nos esquecemos do próximo que está diante de nós? Aguardamos o dia de partir para ministrar aos chineses, indianos ou qualquer outro povo, e não nos importamos com aqueles que estão ao nosso lado? Esperamos ter uma chamada específica para o cumprimento da missão, ou devemos lutar em oração para que o nosso coração se encha de amor pelo homem perdido, a imagem de Deus expressa no rosto do africano, do asiático, do europeu, do brasileiro nordestino ou sulista, do indígena, do ribeirinho ou daquele que está perto ou longe?

O amor de Deus, revelado por meio de nós, deve alcançar a todos. A paixão pelo perdido é indiscriminada. Jesus alcançou o fariseu Simão, o publicano Zaqueu, o mestre da lei Nicodemos, a mulher samaritana e o filho da viúva de Naim. Ele estava pronto a atender a todos, porque o homem criado à semelhança do Pai é objeto da sua paixão. Ele amou o jovem rico, que era cumpridor da lei, mas que não teve coragem de abandonar as riquezas para segui-lo. Ele não o censurou, mas, olhando-o, o entendeu e o amou (Mc 10.21). A força do amor de Jesus o manteve na cruz. Quando na cruz lhe pediram um sinal de sua relação com o Pai, ele negou o sinal para manter o amor. Morreu por amor e viveu por amor, e em seu amor eterno recebe, na casa paterna, a todos quantos receberam a mais esplêndida expressão do amor.

Jesus nunca considerou os rituais e as cerimônias da lei sem a prática do amor pela pessoa humana. Como diz J. Houston: "Apenas o amor, o amor livre, não cerceado em necessidades naturais, pode produzir um ser que é pessoa".[1]

Será que a estrutura da missão ou da denominação não tem roubado a energia da nossa alma? O zelo pelo trabalho,

---

[1]   James M. Houston. *Mentoria espiritual.* Rio de Janeiro: Sepal, 20036. p. 125.

a estratégia e o método de ação têm conquistado a centralidade do nosso coração? Ainda é necessário avaliar se não estamos colocando a nossa afeição em nós mesmos, fazendo a obra de Deus em nome do amor, mas tirando proveito em tudo que fazemos, sobrepujando a todos e usufruindo dos benefícios do serviço sagrado, enganando-nos e enganando os outros. Bem disse Jeremias: "Enganoso é o coração" (Jr 17.9). Amamos mais as coisas, a cultura, ou amamos quem Deus ama? Aqueles que se apresentam para a missão e também os que têm anos de ministério devem avaliar se o serviço está suplantando a nossa relação com o próximo. Será que as muitas atividades criaram o mito da missão que substitui a compaixão pelo outro?

É necessário verificar quem de fato ocupa o nosso coração. O amor deve ser a motivação do serviço. O amor deve ser o impulso para a ação, a força controladora que pressiona a alma para a doação da própria vida. Assim foi com Paulo: "O amor de Cristo nos constrange" (2Co 5.14) e nos impele.

O Senhor Jesus ensinou que o amor resume toda a Lei e os Profetas. É o único mandamento que deixou para seus seguidores: "Um novo mandamento lhes dou: "Amem-se uns aos outros. Como eu os amei, vocês devem amar-se uns aos outros" (Jo 13.34). O amor é a marca que distingue o cristão e que produz a missão.

JESUS CUMPRIU A SUA MISSÃO COM CONSCIÊNCIA DA ETERNIDADE

O Senhor Jesus pôs o foco na eternidade em toda prática ministerial. Nos próprios milagres que têm dimensão terrena, ele ultrapassava a perspectiva temporal do que fora realizado. A multidão que vira o milagre da multiplicação dos pães o procurara querendo ter a necessidade física suprida. Jesus, percebendo a motivação deles, declarou-lhes: "Não trabalhem pela comida que se estraga, mas pela comida que permanece para a vida eterna" (Jo 6.27).

Após a Declaração dos Direitos Humanos, há uma ênfase no trabalho social; isso é justo e extremamente necessário. Ouvi um filósofo dizer que a palavra-chave do nosso século é *solidariedade*. Muitas organizações não governamentais (ONGs) têm surgido, e algumas missões estão registradas e trabalhando como uma ONG. Porém, cabe uma consideração: todas as obras humanitárias e benfeitorias que fizermos só terão significado se revestidas dos valores que permanecem para sempre. As obras sociais não podem ser o fim último no trabalho eclesial ou missionário. A transformação do homem pelo poder do evangelho, tornando-o um cidadão do reino eterno, deve ser o alvo da missão.

A visão do lar celestial acompanhava Jesus em todo o tempo; o mundo não era a sua casa. Consciente de que era um enviado de Deus e que o único retorno era voltar para o Pai, declarava: "Eu sou lá de cima". No pedido de glorificação na oração sacerdotal, colocou o foco na glória eterna. Para Jesus nada poderia ser tão pesado e sacrificial no plano terreno diante da sua visão da eternidade. Mesmo enfrentando o interrogatório perante Pilatos, ele indicou o eterno como a natureza do seu reino.

Jesus tinha o coração no céu. Nenhum tesouro deste mundo poderia ser atrativo para ele. Por isso, rejeitou as glórias terrenas, que poderiam tirá-lo da direção da eternidade. O seu ministério era fazer súditos do reino dos céus.

Ele pregou: "O reino de Deus está próximo" (Mc 1.15). E a ordem que deu aos seus discípulos foi: "E, à medida que seguirdes, pregai que está próximo o reino dos céus" (Mt 10.7). Ele usou muitas parábolas para ilustrar o caráter do reino dos céus. Ensinou a verdade da ressurreição como garantia da vida que não é vencida pela morte, e falou sobre a sua volta apontando para a eternidade como a casa do Pai.

Na comemoração da Páscoa, sua última ceia com os discípulos, era possível vislumbrar o vinho novo que instalaria por toda eternidade a grande celebração da redenção dos homens. Jesus olha para o porvir e antecede a vitória final: "Aquele dia em que beberei o vinho novo com vocês no Reino de meu Pai" (Mt 26.29). O aqui e o agora só têm sentido para quem pode ver o futuro eterno — o futuro de certezas e vitórias — porque o presente antecede o dia final, que não é final, mas o verdadeiro começo; o fim que dá início ao grande dia, quando o tempo não será medido pelas estações, nem pela cronologia dos homens. É o tempo da eternidade, quando o Sol não terá mais energia para brilhar e a Lua não refletirá a sua luz, mas o Eterno resplandecerá na sua glória, tornando cada momento de esplendor eterno. A festa está marcada no livro do plano eterno, e o vinho novo já está reservado.

O mensageiro do reino eterno, como o seu Senhor, pode olhar o vinho, que simboliza o sangue do sofrimento e da morte, e ser capaz de ultrapassar o tempo e antever o vinho novo da vida que vence a morte e sinaliza a comemoração da vitória final. Trazer ao tempo presente o futuro eterno é indispensável para se antegozar as bodas do Cordeiro. Ali, todos os salvos estarão diante do trono, para louvá-lo pela tão grande salvação, mas, também, para prestar contas da missão. Ali, estarão aqueles por quem se intercedeu, aqueles em quem investiu seus recursos, aqueles para quem se apontou o Caminho, e, com eles, os salvos adorarão, exclamando: "Digno é o Cordeiro que foi morto de receber o poder, e riqueza, e sabedoria, e força, e honra, e glória [...] pelos séculos dos séculos" (Ap 5.12,13).

A eternidade deve estar no centro do coração cristão. Lutas, dificuldades e oposições fazem parte de um ministério comprometido com a verdade divina; são tensões e apreensões internas e externas, que só poderão ser vencidas com a firme consciência da eternidade. É possível atravessar qualquer obstáculo e enfrentar a mais dura prova, e até a morte, quando temos a certeza de um porto seguro. O apóstolo Paulo viveu essa realidade: "Combati o bom combate, terminei a corrida, guardei a fé. Agora me está reservada a coroa da justiça, que o Senhor, o justo Juiz, me dará naquele dia; e não somente a mim, mas também a todos os que amam a sua vinda" (2Tm 4.7,8).

Ressaltamos essas marcas do ministério de Jesus com a intenção de promover a oportunidade de refletir sobre esses sinais e, assim, seguir o Senhor, encontrando nele a identidade da nossa missão e o aperfeiçoamento da nossa espiritualidade.

JESUS E A MISSÃO: EXPRESSÃO DE ESPIRITUALIDADE

Questões para reflexão pessoal ou em grupo, em atitude de oração

1. Refletindo sobre a forma como Jesus cumpriu sua missão, avalie sua conduta diante dos desafios da vocação e anote qual a área em que você encontra mais dificuldade para imitá-lo.

2. Que atitudes você tomaria para assimilar melhor o modelo do nosso Mestre?

capítulo cinco

AS **VIRTUDES BÁSICAS** PARA O EXERCÍCIO DA ESPIRITUALIDADE

Já temos refletido sobre algumas virtudes como componentes do caráter cristão. No entanto decidimos focar o amor porque ele está acima de todas as virtudes e de todos os dons, como o vínculo da perfeição. A prudência será destacada porque entendemos que os cristãos, e principalmente os líderes, têm a enorme responsabilidade de tomar decisões que envolvem tanto vidas pessoais como toda uma comunidade. Por isso, não pode lhes faltar o bom senso. À excelência da mensagem que pregamos e à relevância dessa verdade, dentro do contexto atual, se fazem extremamente necessários o entendimento e a sabedoria, como tesouros imprescindíveis aos que se dispõem a viver e a expor a Palavra de Deus à sua geração. A essas virtudes dedicaremos este capítulo.

A VIRTUDE DO AMOR

"Se não tiver amor nada serei" (1Co 13.2).

Todo discípulo do Mestre tem a missão de amar. E aquele que se dispõe à obra missionária deve estar ciente de que atuar em missões é comunicar o amor com que fomos amados. Missões ou qualquer serviço sagrado é o amor em ação.

A verdade é que ninguém tem condições de amar o próximo, seja um irmão ou o pecador perdido, sem cumprir o primeiro mandamento de amar a Deus, porque o amor é um atributo da personalidade divina. Quando amamos a Deus, o seu amor revela-se ao outro. Vivemos numa época de desamor; assistimos a filhos matando pais e pais matando filhos; o divórcio cresce e a família se desintegra. Nas igrejas, há um crescente desagrado entre os membros e a liderança. A quantidade de desigrejados cresce a cada dia. Tudo isso comprova que o amor a Deus está em falta. Amar verdadeiramente, sem nenhum interesse pessoal, só é possível quando a nossa alma experimenta o amor divino. O Senhor Jesus apontou o amor a Deus como o primeiro mandamento e, decorrente deste, o amor ao próximo como o segundo mandamento.

Sem obedecer a essa ordem, qualquer bem que façamos ao próximo pode se enquadrar como gentileza, generosidade, obra humanitária ou ação social, que são práticas comuns aos homens e um dever da sociedade civil, do governo ou das instituições religiosas. Essas ações são louváveis, porém, se não são realizadas conforme os princípios do amor que Deus revela em sua Palavra, perdem o valor.

Esse é o princípio da cartilha do Mestre. Quando abordado acerca do grande mandamento da lei, indicou o amor como sendo capaz de resumir toda a Lei e os Profetas (Mt 22.34-40). Tudo que Deus exige do homem, no Decálogo, no Talmude ou em outras ordenanças, encontra no amor o cumprimento da lei e o padrão divino para uma vida que agrada a Deus. O Mestre não apenas ordenou o amor como o grande mandamento, mas mostrou como ele deve dominar o nosso ser.

Amar a Deus de todo o coração é centralizar as emoções nele

Amar a Deus é ter as emoções direcionadas para a memória de sua presença. É uma opção de querer agradá-lo em tudo, ansiando por ele como a corça que anseia pelas correntes das águas (Sl 42.1,2). É ter no amor o motivo ou estímulo para se satisfazer em Deus! Se as nossas emoções são administradas como expressão do nosso amor a Deus, nossa alma se saciará nele e encontrará na pessoa divina o prazer da vida. O amor se expressa em doçura, em emoções sensíveis, quando o coração se deleita em Deus por amá-lo sem impor condições.

Deve-se amar com o coração inteiro, sem restrições, sem dividir com ninguém e sem deixar que coisa alguma, por mais preciosa que seja, venha tirar a totalidade do coração para Deus. Só entenderemos essa exigência se nos lembrarmos da instrução do discipulado: "Quem ama seu pai ou sua mãe mais do que a mim não é digno de mim; quem ama seu filho ou sua filha mais do que a mim não é digno de mim" (Mt 10.37). O Senhor Jesus sabia que só um coração totalmente dele é capaz de obedecer ao segundo mandamento.

Amar o Senhor com todo o entendimento

O amor é mais cognoscível que qualquer saber, ciência ou mistério. É mais compreensível do que qualquer tipo de comunicação, porque atinge o coração e é a linguagem da alma.

Amar o Senhor com entendimento é perscrutar os mistérios da vida, sobre os quais a razão não tem respostas para dar, porque o amor excede a capacidade de compreensão. Não é por admitir esse limite que somos chamados à irracionalidade — absolutamente não! O amor é consciente e racional: quanto mais conhecemos as suas dimensões — altura, comprimento, largura e profundidade —, mais precisamos conhecê-lo. Porque o amor de Deus é além do saber, é místico, é indivisível; contudo é perceptível. É transcendente, mas acessível.

Quando Deus nos convida a amá-lo, não promete elucidar todas as questões da vida como condições para o exercício do amor. Ele nos chama a usufruir do amor além da forma racional, além das indagações da lógica e dos pressupostos da compreensão humana. Essa forma de amar não é uma questão apenas do amor transcendental, ou porque amamos a um ser espiritual, em qualquer dimensão ou expressão do amor. O amor está sempre ligado à categoria da inteligência emocional, como a ciência da psiquiatria tem provado. E o amor divino, no campo do entendimento, está além da dimensão emocional.

Quando procuramos dominar a energia dos pensamentos, trabalhar a memória do passado, raciocinar segundo os princípios da verdade divina e analisar os fatos da vida com a percepção espiritual, podemos afirmar que amamos o Senhor com o entendimento completo, com todo o entendimento.

Um grande exemplo desse tipo de amor nos dá o ministro luterano Richard Wurmbrand. Quando ele estava em uma prisão comunista, enfermo e torturado por sua fé, tendo sua mente atingida por sementes de dúvidas sobre a pessoa de Jesus, pelas insinuações do diabo, escreveu um poema com a seguinte frase: "Se viessem a provar que tu não exististe, passaria a viver do meu amor por Ti".[1]

Amar a Deus com todas as forças

O amor é a energia que nos faz servir a Deus de maneira desprendida, num voluntariado constante, numa disposição firme, com coragem resoluta para enfrentar perigos e atrocidades, levando avante a missão recebida. Aquele que ama o Senhor é impelido pela força do amor para fazer até o que parece impossível. Quem se atreveria a arriscar a vida para evangelizar povos canibais se não pela força do amor? O amor é mais poderoso que os efeitos grandiosos da fé. Está acima de qualquer valor e supera qualquer sacrifício. É mais forte que a própria morte. Se não tiver amor, o tudo é nada!

---

[1] Richard Wurmbrand. *Cristo em cadeias comunistas*. Belo Horizonte: Betânia, 1971. p. 90.

Amar o próximo como a nós mesmos

Amar o próximo deve ser um desaguar da fonte do amor que tributamos a Deus. Esse segundo mandamento resume a lei dos relacionamentos humanos e está acima de qualquer norma de boa conduta, ética e respeito mútuo. Se amarmos, viveremos bem com a nossa família e com o outro. É na família que nosso amor é testado: o amor dos pais pelos filhos e dos filhos pelos pais, o amor entre os irmãos. As primeiras expressões de amor se desenvolvem nos laços familiares; se amamos e somos amados no lar, será mais fácil comunicar o amor ao próximo. A convivência será pacífica, tolerante, compreensiva e altruísta. Amando, venceremos o egoísmo e lutaremos pelo bem comum.

Quando o Senhor Jesus foi indagado por um escriba sobre quem seria o seu próximo, citando o segundo mandamento, ele lhe contou a parábola do bom samaritano (Lc 10.25-37). Todo aquele que precisar de uma ajuda, que estiver impossibilitado de sobreviver, que for carente de nossa solidariedade, esse é o nosso próximo; independentemente de raça, credo ou status social. O amor é muito subjetivo, e por isso devemos avaliá-lo de forma prática.

Wesley Duewel nos apresenta algumas formas de testar nosso amor pelos irmãos e pelos não salvos:

- Avalie o seu amor pela disposição de não levar em conta falhas, fraquezas e defeitos de seus irmãos.
- Avalie o seu amor pela sua capacidade de esquecer e perdoar.

- Avalie o seu amor pela recusa em repetir rumores sobre companheiros, a não ser que haja evidência e necessidade real de transmitir a informação.
- Avalie o seu amor de acordo com a maneira como busca ser uma bênção para os outros.
- Avalie o seu amor pela vontade de lutar pela salvação dos perdidos.
- Avalie o seu amor de acordo com a sua intercessão pelas pessoas.
- Avalie o seu amor pela sua disposição de comunicar a graça salvadora aos perdidos.[2]

Amar o próximo causa transformação

O poder do amor deve ser manifesto em atos de misericórdia, que tiram o moribundo das calçadas e dão a ele hospedagem segura, provendo o mantimento para livrá-lo da fome, conseguindo vesti-lo para ampará-lo do frio e da nudez e dispondo-se a pagar a conta do seu tratamento até que seu corpo se restabeleça. É o tipo de amor descrito por C. S. Lewis: "O amor-Doação divino no homem o capacita a amar o que não é naturalmente digno de amor; os leprosos, criminosos, inimigos, retardados, zombeteiros. No final, mediante um paradoxo, Deus capacita os homens a terem um amor-Doação em referência a ele mesmo".[3]

A Igreja Primitiva exerceu o serviço diaconal cuidando das viúvas, dos órfãos e dos necessitados e, assim, a

---

[2] Wesley L. Duewel. *Em chamas para Deus*. São Paulo: Candeia, 1996. p. 102.
[3] C. S. Lewis. *Os quatro amores*. São Paulo: Mundo Cristão, 1986. p. 100.

comunidade cristã vivia sem ter necessitados, porque o amor divino se expressava em atos de misericórdia. Qualquer transformação social que ocorra sem a autenticação do ser em essência — ser como natureza do Deus de amor — é piegas, e não piedade; é religiosidade, e não cristianismo genuíno. Ser tomado pelo amor é viver na plenitude de Deus, e isso é apaixonante. Essa paixão deve apoderar-se da nossa mente, alma e espírito, para o cumprimento da missão do amor.

Amar o próximo caracteriza o ministério cristão

A mais profunda expressão de amor ao próximo é doar a nós mesmos para que ele conheça o amor divino na sua expressão máxima — o Cordeiro imolado no Calvário. O ministério de Paulo era caracterizado pelo amor, na forma de doação da vida. Escrevendo aos tessalonicenses, o apóstolo declarou: "Assim, querendo-vos muito, estávamos prontos a oferecer-vos não somente o evangelho de Deus, mas, igualmente, a própria vida; por isso que vos tornastes muito amados de nós" (1Ts 2.8). Essa doação é caracterizada pela força do amor que torna possível a doação quando temos de enfrentar oposições e lutas, transpor todo tipo de obstáculo na caminhada e esforçar-nos ao máximo para cumprir a tarefa a nós destinada pelo Senhor. O apóstolo Paulo considera a própria vida como a maior dádiva de expressão do amor de Cristo, que o constrangia, impulsionava e lhe pressionava a alma para chegar ao alvo da soberana vocação.

Na Austrália, conheci uma missionária que estava no centro de treinamento missionário, mas não era aluna

nem exercia nenhuma função ali. Enquanto conversáva-
mos, ela me confessou: "Estou em disciplina. A missão
me tirou do campo porque eu tratava as pessoas como
animais. Subestimava-os a ponto de tirar-lhes a própria
dignidade humana".

Ela estava lá para servir a Deus, mas a condição cultural roubou-lhe a compaixão. Sem paixão não se faz missão.

Quando o fundador do Exército de Salvação, William
Booth, foi indagado pelo rei da Inglaterra sobre a força
que dirigia a sua vida, ele respondeu: "Majestade, há homens que têm paixão pelo ouro, outros têm paixão pela
fama, mas a minha paixão é pelas almas".[4]

Se tudo que fizermos — as grandes obras evangelísti-
cas, os empreendimentos para transformação socioeco-
nômica-cultural — não for expressão do amor de Deus,
não estamos realizando a missão de Deus! Segundo Paulo,
podemos até dar o corpo para ser queimado, mas, se não
for pela força constrangedora do amor, de nada valerá
(1Co 13). Se o amor é o distintivo do cristão, deve ser o
distintivo da missão.

SÚPLICA AO AMOR

Ágape, encarna-te em mim! Expressa-te por meio de mim!
    Na minha língua, só tu encontres meio de comunicação.
Quando revolver-me em emoções variadas, cada pulsar de
    minhas células,
cada vibrar do meu coração,
seja só tu o sentimento em operação.

---

[4]   Wesley L. Duewel. *Em chamas para Deus*. São Paulo: Candeia, 2001. p. 102.

não deixes que minha mente,

Em raciocínios lógicos,

possa encontrar solução fora de ti. Que nunca o meu pensar seja mais forte que o teu sentir.

Faz-me compreender e atender

com o teu saber, para que eu não saiba outro saber, a não ser o teu.

Ó Ágape, quero entregar, renunciar, não só coisas, objetos e interesses,

quero dar a mim mesma.

Porém, ajuda-me, que na entrega

a doação encontre em ti a razão de ser e esta seja só por ti, unida a ti,

dando-se em ti a maior dádiva.

Confesso que, se depender de mim,

não poderei revelar-te,

teus frutos não encontram em mim fonte de vida. No entanto,

confio que a geração é possível, porque estás em mim, pela suprema natureza

do Deus, que é ágape.

Para refletir

1. Temos deixado que o amor de Deus domine cada área da nossa vida?

2. Procure listar as manifestações do amor de Deus em sua vida e em sua família nos mais simples ou grandes feitos.

3. Relacione oportunidades que podem ser aproveitadas para revelação do amor de Deus que está em você.

A VIRTUDE DA PRUDÊNCIA

"Entendei, ó simples, a prudência" (Pv 8.5).

Quando Zacarias recebeu a visita do anjo do Senhor, a promessa divina era a de que ele geraria o precursor do Messias e de que seu filho, João Batista, teria a missão de "converter os desobedientes à prudência dos justos" (Lc 1.17). O termo grego *phronesis* é usado, em todo o Novo Testamento, apenas nesse texto e em Efésios 1.8. Queremos relacioná-lo com a intenção de identificar o propósito divino de formar para si um povo prudente; a conversão conduz à prudência do justo. O ato da redenção foi realizado com uma dosagem abundante de prudência derramada sobre aquele que se torna justo.

Desafortunadamente, percebemos pouco destaque a essa preciosa pérola de grande valor. Poucos chamam por ela, porque não a conhecem. Porém, ela nos é dada no ato da redenção, porque aprouve a Deus nos conduzir à prudência, com a qual é possível pensar com consciência reta e pura; agir com sabedoria; sentir com sensatez; decidir com sobriedade e equilíbrio. "A prudência é uma qualidade intuitiva do homem; dizemos que ela também é um dom do Pai das Luzes, acessível a todos que a procurarem e dela se utilizarem para um viver digno".[5]

---

[5]   R. N. Champlin. *Enciclopédia de Bíblia - Teologia e Filosofia*. 5. ed. São Paulo: Hagnos, 2001. p. 489-490.

"Aristóteles chamava a prudência de sabedoria prática, distinguindo-a de *sophia*, sabedoria de natureza teórica e especulativa. No latim — *prudens* — prudência consiste no uso habilidoso do conhecimento no exercício da sabedoria. Para o bispo Buther, ela é um dos elementos principais da ética".[6]

No Antigo Testamento, a prudência é mencionada muitas vezes com o sentido de bom senso, principalmente no livro de Provérbios. Devemos nos reportar à sagrada Escritura, fonte de toda revelação, para conhecer e praticar a prudência. Para agir com prudência, é necessário agregar algumas virtudes, conforme Provérbios de Salomão: "Eu, a sabedoria, moro com a prudência, e tenho o conhecimento que vem do bom senso" (Pv 8.12; ver também Pv 1.2-5).

Reflitamos sobre a arte da prudência, porque ela é indispensável no exercício de uma espiritualidade consciente.

O prudente busca a excelência

Ser prudente é experimentar a sabedoria para tomar as decisões, prevendo as consequências e distinguindo o bom do excelente.

A prudência julga os valores da vida com base nos atributos de Deus e nos critérios do seu reino, pois entende que a vida só encontra razão de ser na comunhão com o ser supremo. Os bens materiais são avaliados pelo significado que eles têm no investimento eterno. As amizades, a própria família, a comunidade e a fraternidade

---

[6] Ibidem, p. 490.

AS VIRTUDES BÁSICAS PARA O EXERCÍCIO DA ESPIRITUALIDADE

são usufruídas no contorno da centralidade do divino. O sucesso profissional encontra sua causa na consciência de que as habilidades, os dons e os talentos são obras do Criador. O prudente avalia entre o que é essencial e o que é acessório, luta para viver a essência da vida com os valores que, por serem inestimáveis, só o prudente pode aquilatar.

O prudente faz previsões

A pessoa prudente se expõe na seara do Mestre com os olhos na situação vigente e com perspectivas futuras. Enfrenta a obra de Deus com o espírito aventureiro do atleta, com a coragem do desbravador, mas não guiado pelo acaso ou confiado em "jeitinhos". Ele é como um construtor que põe mãos à obra, porque tem previsão do material necessário e enfrenta a batalha, visto que conhece o seu arsenal de guerra (Mt 7.24-27).

O missionário que segue para o campo de risco não deve se expor ao perigo como um herói que deseja o martírio para marcar a história, mas porque se envolve com o manto de misericórdia para proteger-se, usa a sabedoria para aproveitar as oportunidades e exercita a prudência para falar na hora certa e ser conveniente sem prejudicar a obra de Deus. Não recua pelo medo, nem avança precipitadamente. Procura buscar alternativas para sair das situações conflitantes, como fez Daniel, que não quebrou a lei divina, nem deixou de se apresentar ao rei da Babilônia como o maior sábio do seu reino.

O prudente põe a mão no arado e não olha para trás, porque assume riscos confiante de que o Senhor haverá de prover o livramento, por meio de atitudes sábias e prudentes. Ele percebe o perigo e faz previsões acertadas para sair dele, perscruta o ambiente e toma decisões em tempo de evitar o mal; prevê a tempestade e procura o abrigo. Conhece a maldade e se previne dela; torna-se sagaz como a serpente, sem perder a simplicidade da pomba; aprende com o seu Mestre a ser líder de si mesmo e das situações da vida.

A prudência caminha com a sensatez

O prudente procura evitar erros; ele não se acomoda ao seu temperamento para desculpar-se ou persistir na mesma forma de agir, como se a personalidade fosse uma obra acabada. O uso do bom senso é um cuidado habitual na busca do acerto, da melhor forma de atuar numa situação, buscando o benefício de cada parte.

A sensatez não age baseada na experiência do outro, nem copia modelos porque deram certo, nem aceita um conselho apenas porque vem de pessoas de respeito ou de lideranças espirituais. O prudente procura discernir o seu caminho na presença do Soberano. Bem diz Salomão: "A sabedoria do prudente é entender o seu próprio caminho" (Pv 14.8). Deus é sábio. E ele fez cada um com peculiaridades tão distintas, que não é possível ter uma fórmula de vida que se adeque a todas as pessoas. Na ciência médica, cada paciente reage conforme o seu metabolismo, sendo imprudente tratar um paciente sem considerar a sua peculiaridade.

Na psicologia, é necessário sentir a reação do paciente para saber conduzir a terapia. Os pais sabem que os filhos — ainda que educados no mesmo contexto e com as mesmas normas — devem ser tratados diferentemente, porque cada um tem sua forma de ver, de sentir e de agir. São indivíduos únicos.

O prudente procura entender a forma como Deus o trata e discernir os propósitos definidos e pessoais que Deus tem para ele. "É impossível estabelecer regras rígidas, criar uma uniformidade de sinais, impor métodos a Deus. Ele é sábio e soberano, tem seu próprio modo de agir e sabe como, quando e a quem aplicá-lo".[1]

Exercitar os dons e cumprir a vocação é um processo peculiar, por causa da complexidade da natureza humana, já que cada um tem um perfil e um modelo de trabalho, mesmo dentro do contexto comunitário. A vocação é individual e coletiva, e seu exercício se dá dentro do Corpo de Cristo, realçando a unidade na diversidade.

A prudência busca o conhecimento para exercitar a sabedoria

Ninguém pode ser considerado prudente se a ignorância o domina. Para enfrentar os desafios da vida, é necessário conhecer as regras dos relacionamentos humanos, o indômito comportamento da natureza humana, a face escondida da verdade política, o jogo cruel dos sistemas econômicos, as idiossincrasias do conjunto ético e social que governam a sociedade moderna. É necessário buscar o conhecimento.

---

[1]   Kléos M. Lenz César. *Vocação, perspectivas bíblicas e teológicas*. Viçosa: Ultimato, 1997. p. 74.

Então, o prudente é um erudito? Não necessariamente erudito na classificação acadêmica, mas alguém que sabe ver com o coração, que tem a audição afinada não apenas para ouvir o som, mas "sentir" o significado e interpretar as palavras além da sintaxe da frase. Não precisa ser erudito para ser prudente, porque a arte da prudência é para aqueles que não se apoiam no acervo de sua biblioteca, nem na capacidade de sua argumentação, mas optam pela simplicidade e podem exibir o conhecimento na forma de sabedoria como sublime expressão do ser.

Prudência é o conhecimento empírico, consensual, intuitivo, intrínseco, não restrito à pesquisa científica, não necessariamente comprovado por diplomas e certificados, mas desenvolvido pela educação da audição, com a qual se aprende a ouvir e julgar pela observação aguçada dos conflitos da vida popular.

> Conhecemos a verdade não apenas por meio da razão, mas também com o coração. É por meio desse último que conhecemos os princípios elementares, e é em vão que a razão tenta negá-los. Assim, os céticos que tentam isso o tempo todo labutam sem êxito. Nós sabemos e não estamos sonhando, mas, ainda que sejamos incapazes de provar isso racionalmente, nossa incapacidade nada mais faz que expor a fraqueza de nossa faculdade de raciocínio e não a incerteza de todo o nosso conhecimento.[8]

Se o Senhor Jesus confiasse que apenas os eruditos são os detentores da prudência, não teria buscado os simples

---

[8] Blaise Pascal. *Mente em chamas*. Brasília: Palavra, 2007. p. 95.

pescadores para expandir o seu evangelho e começar a comunidade que ele estabeleceu como igreja ao redor do mundo. A própria prudência promove a instrução e convence que o homem não vale pelo que armazenou na cabeça nem no bolso. "Quanto melhor é adquirir a sabedoria do que o ouro! E mais excelente, adquirir a prudência do que a prata!" (Pv 16.16). "Os prudentes se coroam de conhecimento" (Pv 14.18).

A prudência chama a disciplina à ação

A disciplina é um bem buscado em todas as religiões, porque o homem é sabedor da indomável inclinação da natureza humana para fazer o mal e da dificuldade pessoal quanto ao autocontrole.

O cristão que busca uma espiritualidade genuína não pode deixar de abraçar a disciplina, na qual a prudência se revela como uma virtude essencial para o domínio próprio. Quem despreza a disciplina despreza a sabedoria e a prudência e torna-se insensato, sofrendo as duras consequências de sua negligência e do engano do pecado.

Como ser prudente sem exercer o domínio próprio? Sem se conter na hora da fúria, sem se deter na explosão das palavras, sem esperar as provas para o julgamento da questão, sem se privar do que não é lícito possuir, sem dominar a paixão e controlar o impulso?

Quantos escândalos na sociedade evangélica porque lideranças proeminentes, que se destacavam com tantos talentos e preciosos dons, não se exercitaram na disciplina! Tornaram-se insensíveis à exortação, deixando-se dominar pela força da paixão. "É mister saber conter-se!

É mister fazer grande caso dos acasos. São os ímpetos de paixão resvaladouros da Cordura, e aí está o risco de perder-se. A astuta intenção alheia traça essas tentações da prudência para descobrir o fundo ou a alma [...]".[9] Descobrir os segredos do coração é insensatez. Não aprendemos com Sansão, cujo calor da paixão o faz perder a força e ser impelido para longe dos propósitos do Senhor?

A disciplina não se resume ao domínio próprio; ela também é revelada na capacidade de aprender a se comportar com sobriedade e discrição. Para aprender, é necessário espírito pronto a ouvir, atendendo à instrução e à correção.

Aquele que não é ensinável rejeita a disciplina, mas aquele que aceita a correção e a exortação as recebe como instrumento para reconhecer suas falhas, endireitar seus caminhos, consertar os seus atos, aperfeiçoar seu caráter.

As disciplinas do Senhor vêm muitas vezes pela mão do nosso líder, outras vezes na convivência com os colegas. Seja qual for a fonte, devemos sempre encará-las como meios de aperfeiçoamento, porque "as disciplinas de Deus sempre têm medida de restauração". É prudente tirar lições das adversidades e ver o proveito que as experiências dolorosas nos trazem. Diz o provérbio: "Porque o mandamento é lâmpada, e a instrução, luz; e as repreensões da disciplina são o caminho da vida" (Pv 6.23).

Nunca podemos nos classificar como cristãos prontos no topo da qualificação, preparados para cumprir nossa

---

[9] Baltasar Gracián. *A arte da prudência*. São Paulo: Martins Fontes, 1996. p. 125-126.

missão. A vida cristã é um processo contínuo. Cada fase da vida oferece oportunidades para aperfeiçoar nossa conduta. Lamento que lideranças, quando assumem o poder, ficam blindadas a ouvir qualquer observação quanto ao seu ministério. Caminhamos para alcançar a perfeição de Deus em Cristo Jesus. A nossa missão é composta de experiências que dia a dia nos habilitam para obtenção de resultados favoráveis para o reino de Deus. Se não estivermos em prontidão para aprender com o outro e com as situações da vida, não estaremos qualificados para ser embaixadores do reino de Deus. "Quem acolhe a repreensão revela prudência" (Pv 15.5).

Para refletir

1. Avalie sua disposição de aprender novas formas de se posicionar diante da vida.

2. Pontue em que ocasiões, circunstâncias e tipos de relações humanas você pode aperfeiçoar suas atitudes com a arte da prudência.

MENTE ENTENDIDA E CORAÇÃO SÁBIO

O exercício de uma espiritualidade genuinamente cristã requer que se trabalhe a mente e o coração na busca de uma mentalidade nova, capaz de analisar, avaliar, julgar e perceber a vida em uma dimensão natural e transcendental, sem conflitar as duas esferas de atuação.

O apóstolo Paulo identifica o homem espiritual pela presença do Espírito Santo nele, e faz uma ousada declaração: "Temos a mente de Cristo" (1Co 2.16). Ter a mente de Cristo significa adquirir a posição de homem espiritual e ser capaz de julgar todas as coisas espiritualmente. Pensar os pensamentos de Deus revelados em Cristo e registrados nas Escrituras.

> A sabedoria do próprio Deus, revelada como tal, pelo Espírito, entra em contraste com a pessoa que é tão somente um ser humano sem o Espírito. Na condição de pessoas que têm o Espírito, também têm em potencial a mente de Cristo.[10]

O povo de Deus deve identificar os valores, os princípios, a cosmovisão do reino de Deus que contrastam fortemente com o sistema do mundo. Nessa condição fica em evidência o homem espiritual que é ensinado pelo Espírito, conferindo coisas espirituais com espirituais (1Co 2.13).

A mentalidade é formada pela agência do Espírito Santo

O Espírito Santo que habita em nós trabalha em nosso interior para nos fazer conhecer os dons da graça, nos ensinar as verdades espirituais mediante argumentos espirituais, dar-nos compreensão dos desígnios de Deus e capacitar-nos a discernir o mundo espiritual.

O Senhor Jesus prometeu: "O Espírito Santo a quem o Pai enviará em meu nome, esse vos ensinará todas as coisas [...] ele vos guiará a toda verdade e vos anunciará as coisas que hão de vir" (Jo 14.26; 16.13). A operação direta e eficiente do Espírito Santo — mediante o estudo

---

[10] Gordon D. Fee. *1Coríntios. Comentário Exegético*. São Paulo: Vida Nova, 2019. p. 140-141.

da Palavra, o exercício da introspecção, o tempo de oração a sós com Deus, a comunhão comunitária, o serviço sagrado — promove a formação da mente cristã. Esta se desenvolve para pensar do ponto de vista de Cristo, ou seja, para encontrar nele as razões adequadas para pensar corretamente, para emitir juízo de valor dentro dos conceitos por ele definidos e nele exemplificados.

A mente cristã apreende os valores do reino e é capaz de avaliar os valores morais, as oportunidades e os bens da vida, no parâmetro do que é eterno e do que produz real significado à vida. É uma mente que aprende a discernir as coisas espirituais, nem sempre atendendo ou respondendo às exigências do intelecto, mas com percepção no nível do espírito, em sintonia com as impressões que o Espírito dá. Paulo declarou: "O Espírito Santo, de cidade em cidade, me assegura" (At 20.23). E ainda: "Pareceu bem a nós e ao Espírito" (At 15.28). Há uma testificação do Espírito Santo com o espírito do filho de Deus. "Pois todos que são guiados pelo Espírito de Deus são filhos de Deus" (Rm 8.14,16).

A mente cristã é também formada nas experiências diárias

O Espírito Santo se apropria da vivência, do contexto em que estamos inseridos e de todas as coisas que nos circundam para construir em nós uma mentalidade apropriada à vida do cristão, que corresponda à verdade que confessamos. Ter uma atitude de servo em contraste com o autoritarismo ou com o querer ser servido; exercer a misericórdia sem exigências; valorizar o amor, a justiça, a ética e a verdade como bens supremos; revelar espírito pacífico, não faccioso; exercitar a reação branda e a humildade que se opõe à soberba — todas essas são virtudes que precisam ser aprendidas e apreendidas pela consciência cristã, as quais são caracterizadas como a verdadeira sabedoria descrita por Tiago. Uma sabedoria prática que se revela em virtudes e uma posição de repúdio ao mal. O cristão fará diferença significativa em sua comunidade à medida que seu modo de pensar e de agir o identificar como um sábio (Tg 3.13-17). "Porque a sabedoria é a arte do bem-viver."

A mente entendida discerne a história e a época em que vive

O cristão é chamado a desenvolver uma mente entendida para investigar as épocas, discernir os acontecimentos, os fatos e as tendências do seu tempo, e procurar enxergar a realidade contextual como ela é na verdade.

O rei Salomão dissertou sobre a preciosidade de conhecer a determinação das épocas, perceber os sinais que indicam se é tempo de plantar, de colher, de derrubar, de edificar, de buscar, de perder (Ec 3.1-17). O Senhor Jesus, quando lamenta a rejeição do seu povo, diz a Jerusalém: "Ah! Se conheceras por ti mesma, ainda hoje, o que é devido à paz! [...] porque não reconheceste a oportunidade da tua visitação" (Lc 19.42-44). O apóstolo Pedro revela como os profetas se comportaram para prever o tempo das dispensações. Diz o texto que eles inquiriram e indagaram diligentemente sobre o tempo e a ocasião que o Espírito indicava (1Pe 1.10-11). Ele aponta para a ação do Espírito na mente que está em busca do entendimento; não há uma dicotomia ou independência, mas uma ação conjunta: a mente que inquire e o Espírito que ilumina.

Mente entendida para compreender o contexto externo, sem desassociá-lo do interno

Houve um momento em que Asafe considerou apenas a prosperidade dos ímpios e chegou à tentação de querer invejá-los. Viu a violência proliferando, a mensagem do ímpio se globalizando com rapidez, suas regras de mercado dando certo e suas riquezas aumentando. Apesar da corrupção, eles não eram afligidos. Então disse: "Quando tentei entender tudo isso, achei muito difícil para mim". Depois confessou: "Até que entrei no santuário de Deus, e então compreendi" (Sl 73.16-17). Acredito que essa experiência se repete hoje conosco.

A compreensão dos sistemas mundiais assusta, inquieta, desafia. Por isso, é necessário entrar no santuário para entender o processo da história. O cristão deve dirigir a mente nas duas direções: para fora do seu contexto e para dentro dele. Deve se informar a respeito das implicações da pós-modernidade, mas também ler o Livro do Senhor. Deve ser capaz de associar o que diz Deus na Palavra e sua intervenção na história dos homens.

> Somos chamados a ouvir em dobro, ou seja, tanto a Palavra quanto o mundo. [...]. "Ouvir duas vezes", porém, não contém nenhum elemento de autocontradição. É a faculdade de ouvir duas vozes ao mesmo tempo, a voz de Deus por meio das Escrituras e as vozes de homens e mulheres ao nosso redor. Frequentemente estas vozes contradizem uma à outra, mas nosso propósito ao ouvir tanto uma como a outra é

descobrir como elas se inter-relacionam. Ouvir duas vezes é indispensável para o discipulado cristão e para a missão cristã.[11]

Como perscrutar a mensagem revelada sem se perder nas ocorrências históricas nem no conteúdo bíblico? Há riscos dos dois lados. O primeiro risco é tornar-se um alienado para preservar o conservadorismo, perdendo a oportunidade de ter uma mensagem relevante para seu contexto histórico. O outro risco é contextualizar a mensagem para adequá-la ao contexto cultural e transgredir a verdade. Interpretar o texto sagrado para justificar uma leitura sociológica, antropológica, uma leitura feminista ou uma leitura da teologia da prosperidade, dependendo do que se deseja defender.

Queremos afirmar que a leitura das Escrituras não pode se restringir a uma faceta da revelação, mas deve primar pela revelação plena e ampla de Deus em sua essência. Também precisamos afirmar que não podemos deixar de ler o contexto sociocultural, os anseios do homem contemporâneo. Refletir no santuário os desafios do presente século.

Ter mente entendida para discernir a voz sagrada

Ouvir a voz de Deus no texto e não apenas o que o texto diz. Certamente um estudante da Bíblia aprende a ouvir o texto, mas, como diz Moisés Silva: "O que distingue o crente maduro do imaturo é a apropriação da verdade

---

[11] John Stott. *Ouça o Espírito e ouça o mundo*. São Paulo: ABU, 2013. p. 31.

que foi interpretada. Quer queiramos admitir ou não, a maioria de nós que ensinamos reconhece que não há correspondência previsível entre a espiritualidade de um estudante e sua capacidade de entender o texto e de produzir um trabalho exegético preciso. A Bíblia deve ser lida como qualquer outro livro, mas também deve ser lida como nenhum outro livro".[12]

Quando a voz de Deus é discernida, há entendimento do processo da revelação divina na história. Daniel diz que procurou, nos escritos de Jeremias, entender o tempo que haviam de durar as assolações e o número de anos de que falou o Senhor (Dn 9.2). Essa atitude revela o texto sagrado acima de qualquer outra mensagem. Discernir a voz de Deus é ver além da letra. É perscrutar o coração de Deus, na expressão da linguagem humana, e receber a impressão da Palavra no coração, e não na mente (Jr 31.33).

A mente entendida compreende que estamos no mundo, mas não somos do mundo

Somos desafiados a estar no mundo e não ser do mundo. Diz John Stott: "O mundo e a igreja são comunidades separadas. É verdade que estão relacionadas uma com a outra, mas essa relação depende da sua diferença".[13] Podemos interagir com o sistema do mundo, mas não assumir a forma dele; negociar com as marcas, mas não nos deixar marcar por elas; pesquisar as descobertas científicas,

---

[12] Moisés Silva. *Fides Reformata*. São Paulo, v. 2, n. 2.
[13] Stott, p. 49.

mas não aderir àquilo que contraria as propostas divinas; fazer uso da mídia, mas não descartar a comunicação oral e o contato personalizado. Lutar pela ação social, mas não fazer do social a bandeira do cristianismo. Respeitar as questões da ecologia sem que o evangelho se torne uma defesa do meio ambiente.

Nossa espiritualidade não nos faz fugir do mundo, mas buscar o significado das revelações de Deus no contexto do mundo. É como Daniel, que estava na Babilônia, mas não era da Babilônia. Como um dos nobres do maior império da época, ele teve a coragem de contrariar as normas do palácio e trazer a manifestação do governo divino. Quando ninguém podia discernir os sonhos do rei, os quais indicavam a sucessão dos governos mundiais, Daniel entrou no santuário da alma e interpretou o sentido da visão. As visões do tempo têm significado quando se entra na presença de Deus.

Daniel foi capaz de ver o futuro projetado nas sinalizações do sonho do rei — foi capaz de ver numa imagem de homem as marcas do programa de Deus para as nações. E compreendeu que, na mente de um rei opressor e pagão, Deus revelava não apenas a sucessão dos reinos do Oriente, nem apenas o domínio do Ocidente, num contexto humano e terreno, mas revelava a própria manifestação do reino messiânico. Daniel, por conhecer a Deus, creu que uma pedra pequena, mesmo sem ser acionada por computadores de precisão exata, contém o poder que destrói todos os reinos simbolizados na estátua e estende-se por toda a terra, sinalizando o reino messiânico único e eterno, que jamais será destruído.

O servo de Deus estava em um reino pagão, mas não se conformou a ele. Assim, foi capaz de admitir que Deus falava não apenas à mente dos sacerdotes ou líderes do seu povo, mas daria sonhos que trariam a revelação do processo histórico dos reinos da terra e do governo do Cristo. Sim, a visão pode vir de fora, mas a interpretação só vem de dentro do santuário.

Mente entendida para crer e perceber a contínua ação de Deus na história

Daniel, como um bom judeu, conhecia a história de seu povo e as intervenções divinas na vida da nação, libertando-a, suprindo-a, guiando-a. Mas, agora, essa nação cativa na Babilônia convivia com o paganismo e absorvia a cultura gentílica. Como compreender que as promessas se cumpririam e que a nação sobreviveria a toda a lástima que sofria? Daniel podia harmonizar o passado e o futuro porque compreendia que o Deus de Israel é quem muda o tempo e as épocas; é quem remove e estabelece reis (Dn 2.21).

A compreensão gerada pela fé no Deus que faz a história levou Daniel a perceber que a ação divina dava prosseguimento aos fatos, mesmo num contexto não tão justo, numa sociedade discriminatória e odiosa. Deus está presente no mundo, garantindo que todo o mal terá um fim, porque a verdade triunfará sobre o engano e a mentira.

Não podemos perder a linha de continuidade do tempo e, para tanto, precisamos ter fé. Erradamente, o Iluminismo estabeleceu uma dicotomia entre a fé e a razão, presumiu que apenas os que não sabem usar o poder da mente para formular o raciocínio inteligível se contentariam com a abstração e com a subjetividade da crença. Porém, o Deus que promove a capacidade de crer com o coração, ele mesmo, torna a fé um órgão do conhecimento — a sua revelação objetiva.

Quanto mais temos fé, mais entendemos. Na minha dissertação do mestrado em Educação, citamos a frase de Johan Van Gothee, que aprecio muito: "Progrida o mundo o quanto quiser, desenvolvam-se ao máximo todos os ramos da Ciência, mas nada tomará o lugar da Bíblia".

Mesmo sendo pessoas que professam a fé, temos reduzido o exercício dela a assuntos espirituais. É necessário trazer a fé para o cotidiano, reativá-la e dinamizá-la. Alguns cristãos dão ênfase ao exercício da fé para alcançar bens materiais; outros, para obter o suprimento real das necessidades básicas; outros exercem a fé para cura de enfermidades e para operação de milagres. Isso é bíblico, mas não podemos negligenciar o uso da fé para a compreensão dos planos eternos; fé para a compreensão dos atos divinos num mundo pecador; fé para conhecer a ação de Deus na ciência; fé para extrair das propostas dos governantes o entendimento e a interpretação dos atos soberanos do Deus que governa o mundo; fé para compreender o que é presente com uma perspectiva futura.

Diante das catástrofes e das misérias sofridas por muitos povos, parece que a fé conflita com a soberania de Deus. Como pode ele ser bondoso e soberano ao mesmo tempo? Alguns optaram pela teologia relacional porque não conciliam esses atributos da divindade perfeita. A fé não tem todas as respostas, mas ela afirma a verdade revelada.

O Senhor intervém na história. Israel ficou debaixo do cativeiro egípcio centenas de anos, mas Deus viu a aflição

AS VIRTUDES BÁSICAS PARA O EXERCÍCIO DA ESPIRITUALIDADE

do seu povo. Depois, no cativeiro babilônico, Israel viu a mão de Deus trazendo livramento. O povo da promessa foi desterrado, passou 1.800 sem terra e sem bandeira, sofreu o holocausto, mas voltou e se estabeleceu na terra — o deserto voltou a florescer. Judeus messiânicos continuam crendo na redenção de Israel e esperando a promessa.

Devemos exercitar a fé que opera o conhecimento por meio da Escritura, que gera a compreensão e abre a percepção para ver a ação de Deus na história, sem perder a linha de continuidade do tempo.

A mente entendida dá significado aos fatos do nosso tempo sem perder o essencial

Daniel enfrentou a realidade do palácio, foi coagido pelas exigências do rei e ameaçado de morte se não obedecesse à dieta do palácio, mas não perdeu a relação com seu Deus. Reconhecia-o como o Deus que revela o profundo e o escondido. Apresentou-se a Nabucodonosor cumprindo os rituais dos sábios do reino, mas descentralizou o homem e colocou Deus no centro dos acontecimentos. "O mistério que o rei exige, nem encantadores, nem magos nem astrólogos o podem revelar ao rei; mas há um Deus no céu, o qual revela os mistérios" (Dn 2.27-28).

Nossa época é traçada pelo antropocentrismo; desde a prescrição dos direitos humanos e do avanço científico, o homem é revelado acima do seu Criador. Mesmo na sociedade cristã, os valores do homem têm excedido aos divinos, ainda que de forma sutil. Ouvi uma crítica de um líder muçulmano ao cristianismo, e ela muito me chocou.

Ele se referia à valorização pessoal acima da divindade com a máscara dos direitos humanos.

Temos buscado os direitos humanos e até o endeusamento do ego, na luta frenética pela satisfação e valorização pessoal. Daniel disse: "Há um Deus no céu". Deus é o poder que rege a Babilônia; Deus é a sabedoria que determina o tempo; Deus é a força que faz o grande se perder de si mesmo. Ele não precisa de amuletos para operar nem dos aparatos do conhecimento humano, do misticismo ou do gnosticismo para revelar seus mistérios. Só manifesta o Deus revelado quem o centraliza e se decide por ele a todo custo, rejeitando a especulação humana e qualquer tipo de acessório.

É cabível refletir aqui sobre as lições simples da oração como forma de buscar e preservar o essencial. Quando a ordem do rei era a morte para todo aquele que dirigisse uma petição a qualquer outra entidade a não ser ao rei Dario, Daniel se colocava de joelhos três vezes ao dia. Há um provérbio que diz: "O cristão de joelhos vê melhor que o filósofo nas pontas dos pés". Isso contém uma grande verdade. Quem se ajoelha vê o essencial e distingue o que é realidade do que é aparente.

Diante da complexidade deste tempo, precisamos conservar o hábito de estar de joelhos. Não digo apenas orar, porque isso fazemos com frequência, mas estar na posição adequada: alma dobrada, não limitada pelo tempo cronometrado nem pela obrigação de cumprir um dever litúrgico ou religioso. É adquirir a posição de suplicante, com a alma convencida de que vale mais persistir na prática da oração com risco de morte a se guardar salvo para o sistema dos homens. Só a alma que se dobra à soberania divina é capaz de preservar o essencial.

Ter a mente entendida é não trocar o absoluto pelo relativo

Os valores eternos devem conduzir-nos a dar prioridade ao reino em vez de nos gastarmos por outra causa, por mais justa que ela seja. Os absolutos de Deus são a verdade, e esta não é abstrata, impessoal ou subjetiva. Diz Tozer: "A verdade é definida e pode ser declarada em proposições".[14] A verdade é posta a exame e pode ser apreendida e apreendida. Seguimos a verdade de Cristo, que ele interpreta com profundidade e dá o sentido pela vida, e não pela filosofia. Verdade e vida se identificam. Ele nos convida a viver a verdade: não somente saber sobre ela, mas experimentá-la em todas as dimensões da nossa vida. Quem se propõe vivê-la conhece os absolutos de Deus expressos na verdade e experimentados na realidade.

Ouvimos relatos de pessoas que chegaram ao campo missionário e dedicaram-se mais a resolver os problemas sociais do que a praticar a evangelização. Reconhecemos o valor da obra social, mas não podemos torná-la absoluta. Outros, preocupados com a adaptação cultural, chegaram a perder a identidade pessoal e a proposta da sua missão. Nunca os relativos devem determinar o nosso comportamento.

Decidir pelos valores de Deus é ter disposição para servir acima das vantagens materiais ou de qualquer

---

[14] A. W. Tozer. *O melhor de Tozer*. São Paulo: Mundo Cristão, 1997. p. 135.

outra espécie. O rei promete a Daniel riquezas e status — ser o terceiro no reino. Daniel rejeitou: "Os teus presentes fiquem contigo, e dá os teus prêmios a outrem; todavia, lerei ao rei a escritura e lhe farei saber a interpretação" (Dn 5.17). Para Daniel, Deus é o Deus que se revela; Deus é a sabedoria. Ele tinha, apenas, a oportunidade de exercê-la. Em cada ocasião, o profeta deixou bem claro que Deus tem a sabedoria; ele apenas a revelava. A capacidade de interpretar não era sua; então ele faria o exercício do dom, desprezando os valores que dignificassem a dádiva mais que o Doador.

Têm uma mente entendida aqueles que se relacionam corretamente com Deus, porque, nessa relação, a forma espiritual de raciocinar é construída. A capacidade de pensar a vida numa dimensão teológica forma a mentalidade cristã, capaz de rejeitar o que é relativo, para enaltecer os valores do reino.

CORAÇÃO SÁBIO

É necessário persistir na formação de um coração sábio, pois não basta ter uma mente entendida. As empresas e as instituições de ensino têm voltado a sua atenção para o valor do afetivo, como defendido por Goleman, no seu livro *Inteligência emocional*:

> A organização dinâmica das funções mentais aplica-se ao afeto e ao intelecto, não havendo uma distinção, porque o desenvolvimento se dá de forma inter-relacionada e mutuamente influenciada. O pensamento se origina e se

AS VIRTUDES BÁSICAS PARA O EXERCÍCIO DA ESPIRITUALIDADE

desenvolve na esfera da motivação, que inclui afeto, emoções, necessidades e interesses.[15]

A verdade do evangelho de Cristo sempre foi assim. Quando Paulo ora pelos filipenses, ele pede por um amor crescente, um amor que estivesse em evolução afetiva e cognitiva: "Que o vosso amor aumente mais e mais em pleno conhecimento e toda a percepção, para aprovardes as coisas excelentes e serdes sinceros e inculpáveis para o Dia de Cristo" (Fp 1.9-10). Esse texto nos mostra a necessidade e a possibilidade de conjugar mente entendida e coração sábio.

Não basta compreender, ter a mente investigadora para observar e perscrutar. É necessário ter um coração sábio para aplicar o conhecimento e lidar com as demandas da vida. Partindo dessa pressuposição, queremos refletir sobre o saber que interage com a compreensão e produz uma conduta sábia.

O Mestre Jesus, quando indagado sobre o julgamento da mulher apanhada em adultério, segundo o que diz a Lei e os Profetas, não se reportou à Escritura como o fizeram os acusadores, mas buscou a lei do amor — a sabedoria do coração: "Aquele que dentre vós estiver sem pecado seja o primeiro que lhe atire pedra" (Jo 8.7). Quando testado sobre o tributo a César, Jesus não se deteve a fazer uma longa prédica para convencer os acusadores dos deveres de um cidadão. Ele usou a sabedoria do coração e indicou a postura correta diante do governo e diante de Deus: "Dai, pois, a César o que é de César e a Deus o que é de Deus" (Mt 22.21). Quando conversou com a samaritana,

---

[15] Daniel Goleman. *Inteligência emocional*. São Paulo: Objetiva, 1996.

Jesus não a acusou de seus pecados. Tocou-lhe a consciência, quebrou os paradigmas da relação e a acolheu. Para cada tipo de pessoa e situação há uma forma de sabedoria para alcançar as pessoas e tratar as situações da vida.

É necessário ter um coração sábio para tomar decisões

A compreensão dos fatos só é relevante se colocarmos o coração para decidir. Daniel propôs no coração não se contaminar; ele compreendia os riscos de uma mesa farta oferecida aos ídolos. Portanto sua decisão de não se contaminar foi feita com o coração que envolvia o afeto ao seu Deus e a vontade de agradá-lo (Dn 1.8).

A motivação era pura porque partia de um coração limpo, centrado em Deus, livre dos interesses pessoais, da busca de vantagens e do sentimento de competição.

O pecado obscurece o coração e torna o raciocínio fútil (Rm 1.21). Mas os sábios de coração são capazes de preferir legumes e água aos sabores especializados das iguarias palacianas. Para esses, é mais vantajoso o simples que o sofisticado; o pouco com a consciência limpa que a fartura corrompida por uma sociedade materializada. Quando o Senhor Jesus nos chama para viver a missão, também nos chama para sacrificar tudo, renunciar cargos e ofícios ou posições denominacionais para ir a um povo não alcançado, preferir ser maltratado por causa do evangelho e viver em área de risco, não tendo a vida como preciosa.

É muito difícil fazer essa opção quando a cultura humana revela os valores materiais, o poder, a fama, o intelectualismo, o status religioso. Por isso, o Senhor Jesus preferiu chamar os simples pescadores da Galileia a convencer os escribas a fazerem essa opção. Para os jovens hebreus serem sábios no império babilônico, era necessário contrariar o regime do rei, e não apenas estudar a cultura e a língua dos caldeus. Há uma constante necessidade de fazer escolhas sábias para viver com coerência a verdade divina.

Coração sábio para se calar e enfrentar o perigo, sem formular argumentos de defesa

Há momentos de prova em que precisamos dizer aos poderosos, como disseram Sadraque, Mesaque e Abdenego a Nabucodonosor: "Quanto a isto não necessitamos de te responder" (Dn 3.16). Vivemos em uma época de despertamento espiritual. O homem está em busca do transcendente, dos poderes dos cristais, da energia cósmica, das entidades espirituais consultadas até pelos homens mais cultos de nosso país. Os livros mais vendidos são os de autoajuda, da neurociência, do esoterismo, como os de Paulo Coelho, que procuram responder às indagações humanas em que a ciência não se pronuncia.

Porém, aquele que compreende o tempo e o modo também entende que há ocasiões em que o silêncio é sinal de um conhecimento que está acima do que pode ser verbalizado. Nesses casos, é mais sábio calar que se expor à razão. Cala aquele que tem coragem de dizer: "Não necessitamos de te responder". Não é que não tenhamos respostas. É que não temos necessidade de dar respostas. Não é falta de conhecimento, mas falta de ser compreendido; a mensagem não tem no receptor forma adequada ou código apropriado para interpretá-la.

Calar não por motivos inferiores, como o medo da morte ou de perder o prestígio, mas silenciar por motivos superiores — uma fé que se declara acima de toda argumentação; tão explícita, que deixa a declaração de si mesma com o seu objeto. Esse negócio, esse assunto é de Deus — ele é o objeto da fé. No julgamento de Cristo, tanto perante Pilatos como diante do sinédrio, a sua resposta foi o silêncio, porque o caminho do Calvário era a sublime mensagem que precisava ser ouvida por todos.

Podemos conhecer a fenomenologia da religião, a antropologia cultural e fazer uso de qualquer ciência, mas nunca esperar que elas tenham a resposta para as indagações do homem contemporâneo. É necessário mais do que isso! É preciso sabedoria que distingue a hora de falar e a hora de calar. No campo missionário, há ocasiões em que o argumento sozinho não vale. Precisamos da oportunidade de manifestação do poder e da majestade divina. O Espírito é o diretor de missões; é ele quem age pela salvação do perdido e declara por si mesmo quem ele é. Sua soberania será exposta e exaltada. Assim os homens reconhecerão que o Deus altíssimo é único, a quem a adoração é devida — o grande eu sou!

Coração sábio para agir com discernimento no mundo espiritual

O desejo de discernir é o primeiro passo para quem busca conhecer a vontade de Deus. O anelo do coração interage com a mente que investiga.

Quando Daniel recebeu as visões e as revelações sobre os reinos do mundo, ele desejou compreendê-las: "Então, tive desejo de conhecer a verdade" (Dn 7.19). Daniel entendeu que, para intervir na história, era necessário agir no reino espiritual, porque o céu reina. A intercessão é o mais poderoso meio de interferir na história; a forma mais adequada e efetiva para operar a vontade de Deus no mundo. Daniel empenhou-se em buscar a Deus com oração, jejum, confissão e humilhação. Sua oração não se concentrava sobre sua vida pessoal nem sobre seu sucesso no reino medo-persa; também não tinha uma atitude exclusivista acerca dos males que assolavam sua nação. A oração de Daniel era para compreender os tempos pelas visões e revelações que recebera e interceder pela restauração de seu povo e pelo desenrolar da história dos reinos da terra.

Era uma oração em forma de súplica, que expunha o coração em ardente desejo, a favor do monte santo, porque Daniel cria que, a partir de Jerusalém, o governo teocrático regeria o mundo. A esperança do reino messiânico era tão viva, que orar por Jerusalém era orar pelo mundo, pela manifestação do Rei das nações, cujo poder traria paz e justiça sobre a terra. Orar por Jerusalém era atrair bênçãos para todos os povos da terra, porque Jerusalém desolada era "opróbrio para todos os que estão em redor" (Dn 9.16).

Essa oração do profeta tinha a mesma dimensão daquela que Cristo ensinou: "Venha o teu reino; faça-se a tua vontade, assim na terra como no céu" (Mt 6.10). Mesmo que esse reino se estabeleça no último tempo ou no tempo do fim, a intercessão daria forma às visões e traria significado para os acontecimentos previstos. A sucessão dos fatos era tão válida quanto o cumprimento progressivo das promessas divinas.

É nos momentos de oração que visualizamos melhor a dimensão do nosso ministério no programa universal de

Deus, numa perspectiva além da nossa denominação ou de qualquer órgão institucional, vislumbrando o estabelecimento do seu reino sobre a terra.

Coração sábio para perceber acontecimentos que culminam na vinda do reino de Deus, que se estende a todos os povos da terra

As visões de Daniel não se referiam apenas a Israel, mas aos reinos do mundo. Porque Daniel orou, o anjo veio para fazer a comunicação do céu com a terra. Não há separação: aquele que está assentado no trono é quem governa as nações.

Há intercessão que é respondida de imediato no que diz respeito ao tempo presente; mas há intercessão que é respondida no desenrolar da história para tempos futuros. Na visão apocalíptica, João viu que há taças de ouro guardando o incenso que ainda será derramado sobre a terra (Ap 8.5). A intercessão tem resposta: "Por causa das tuas palavras, é que eu vim. [...] Agora, vim para fazer-te entender..." (Dn 10.12,14), para revelar as lutas que precederão a vitória do Cordeiro. Se não houvesse o entendimento dos reinos humanos e das guerras que antecederiam o estabelecimento do reino messiânico, que respaldo teria Israel para salvaguardar a promessa? Que recursos teria a igreja para perceber a linha de continuidade da revelação divina a respeito de um povo que sobrevive para sempre?

No reino espiritual houve a luta do anjo Miguel, enviado por Deus, com o príncipe da Pérsia, que tenta impedir a sobrevivência da descendência dos filhos da promessa. Miguel vem e obtém a vitória, mas o ser celestial declara:

"Eu tornarei a pelejar contra o príncipe dos persas; e, saindo eu, eis que virá o príncipe da Grécia" (Dn 10.20). E assim se dará a sucessão dos poderes mundiais, até o anticristo.

Ainda se processa a luta dos seres celestiais a favor do povo de Deus, e contra os príncipes dos reinos deste mundo. Depois da morte do Ungido, Jesus Cristo, temos a garantia de que o Cristo vencedor, que subjugou a morte e o inferno e destronou Satanás, luta pelo seu povo e vive para interceder por ele, dando-lhes a certeza de que o reino de Deus se estabelecerá na terra.

Devemos ter a esperança viva de que estamos mais próximos que Daniel de ver o trono do Cristo subjugando todos os reinos deste mundo. Essa esperança viva, somada à mente entendida e ao coração sábio, deve nos motivar a envidar todo esforço para vermos um a um se dobrando diante do Rei das nações. "Para que ao nome de Jesus se dobre todo joelho, nos céus, na terra e debaixo da terra, e toda língua confesse que Jesus Cristo é o Senhor, para glória de Deus Pai" (Fp 2.10-11).

Só um coração sábio é capaz de agir com discernimento, e posicionar-se corretamente no tempo, sem perder a visão de Deus na história dos homens. Há uma intimação urgente de Deus para buscarmos uma mente entendida e um coração sábio para uma vida cristã profunda e significativa e um ministério relevante e bem-sucedido.

Para refletir

1. Negar a condição de ser sábio diante de si mesmo. Nunca devemos nos apoiar em nosso próprio entendimento (ler Provérbios 3.5-7).

2. Fugir da tentação de buscar a glória ou o reconhecimento por suas atitudes sábias. "Assim diz o Senhor: Não se glorie o sábio na sua sabedoria" (ler Jeremias 9.23).

3. Não se satisfazer com o conhecimento humano, por maior que seja o grau cultural adquirido e por mais útil que seja a área da ciência que você domina. Buscar com uma alma faminta a verdade de Deus por meio da iluminação e revelação da Palavra Sagrada, na agência do Espírito Santo, para alcançar o conhecimento, a sabedoria e o entendimento espiritual (Ef 1.17,18 e Cl 1.9,10).

4. Decidir-se por uma vida cristã com profundidade para não se deter em superficialidades, exterioridades e desperdício daquilo que é substancial (2Pe 1.3-11 e Hb 5.11-14).

5. Priorizar o conhecimento bíblico, o qual é capaz de formar a mentalidade cristã (Pv 2.1-6).

capítulo seis

A **BUSCA** DA VONTADE DE DEUS NA ARTE DE **ESCUTAR**

Saber ouvir e escutar o outro é um ingrediente fundamental nas relações humanas. Para uma boa comunicação, apenas ouvir não é essencial, porque ouvir está relacionado ao ato fisiológico. Por isso, algumas vezes ouvimos, mas não escutamos. "A verdadeira escuta é um processo ativo que envolve aspectos mais complexos que o ato passivo de ouvir."[1] Ouvir a Deus não foge à regra. Atentemos para alguns aspectos da nossa comunicação com ele.

---

[1] Carlos Alemany (org.). *Aprendendo a aprender*. São Paulo: Paulinas, 2004. p. 74.

APRENDER A OUVIR A VOZ DE DEUS

Primeiramente, é necessário desenvolver uma vida de comunhão com o Senhor, porque ele fala no íntimo, dando-nos o código de comunicação para entendermos a sua voz. Para isso, precisamos reservar tempo para escutá-lo. No momento a sós, nossa alma tem que aprender a silenciar para perscrutar o coração do Pai, que em secreto nos vê e nos ouve. Por isso, Jesus ensinou a fechar a porta do quarto e estar em secreto com o Pai (Mt 6.6).

Acostumamo-nos a orar sem diálogo. Chegamos diante de Deus só para expor as nossas necessidades e pedir aprovação para os nossos projetos de vida ou interceder por alguma causa. Se observarmos a relação de Moisés com Deus, perceberemos que ele falava e ouvia a Deus, Deus falava e Moisés o ouvia (Ex 33.12-21). Davi sempre orava consultando ao Senhor: "Subirei? Para onde subirei? Entregar-me-ás os homens de Queila?" (1Sm 23.10-14; 2Sm 2.1,2; 5.19). Ele esperava para ouvir a resposta.

Deveríamos aprender a decifrar o código de comunicação espiritual. Podemos dizer que essa escuta se dá pela leitura do texto sagrado e pela oração, antes de qualquer prática cristã. É extremamente perigoso ser conduzido pela experiência ou influência de terceiros, ou apenas pelos nossos próprios sentimentos ou deduções.

Há uma chamada divina para educar a nossa audição espiritual. Jesus, na sua vida terrena, usava a prática do diálogo com o Pai. Em João 17, percebemos essa interação. Paulo também registra que ouviu a voz de Deus (At 20.23, 27.23, 24). A história da igreja relata experiências de líderes que foram sensíveis à direção divina porque tinham os ouvidos afinados para discernir a vontade soberana.

Porém, não podemos ignorar que a audição espiritual também se dá em nossos sentimentos. Somos pessoas com emoções, e Deus fala ao coração em harmonia com a razão. Se "a paz de Cristo é o árbitro no coração", é gozando a paz que podemos concluir que há aprovação divina naquilo que estamos para decidir. A alegria e a tristeza sinalizam a comunicação do Espírito. Se há uma inquietação no coração, é hora de examinar com mais acuidade o que entristece o Espírito, e a isso devemos dar atenção. "Porque a tristeza segundo Deus produz arrependimento para a salvação, que a ninguém traz pesar; mas a tristeza do mundo produz morte" (2Co 7.10).

> A questão não é, de jeito nenhum, seguir cegamente nossos sentimentos, mas reconhecê-los como parte da forma como Deus se comunica conosco. Um dos nossos maiores obstáculos para conhecer a Deus é a nossa própria falta de autoconhecimento. Por isso acabamos usando uma máscara — diante de Deus, de nós mesmos e de outras pessoas. E não podemos nos tornar autoconscientes se ocultamos nossa humanidade por medo de nossos sentimentos. Esse medo leva à má vontade para o autoconhecimento verdadeiro e atrasa o nosso crescimento em Cristo.[2]

Escutar a Deus é buscar o significado das palavras

Comunicação não significa transmitir informações, mas promover na mente do outro a geração de sentidos e

---

[2] Peter Scazzero. *Espiritualidade emocionalmente saudável*. São Paulo: Hagnos, 2015. p. 93.

significados. É uma transferência de informação e compreensão mútua, que permite compartilhar valores, emoções e conhecimento. "Comunicar é tornar comum uma coisa entre duas pessoas."[3]

Quando o apóstolo Paulo estava de viagem para Jerusalém, o profeta Ágabo prognosticou sua prisão. Era um profeta de Deus falando: "Isto diz o Espírito Santo" (At 21.10-14). O médico Lucas e aqueles que estavam com Paulo em Cesareia rogaram, chorando, para que ele não partisse. Paulo, no entanto, não ouviu naquela mensagem uma ordem divina para recuar. Ele foi capaz de alinhar, ou ajustar, a palavra profética com a percepção dos propósitos divinos para a sua vida.

Quem tem o ouvido do coração afinado aceita a palavra profética como confirmação do que o Espírito Santo já tem comunicado ao seu coração e não se deixa dirigir pela persuasão dos irmãos, mesmo quando estes lhe expressam compaixão e cuidado.

Há irmãos que vão à igreja não com a intenção de ouvir a mensagem de Deus pelo pregador, mas de ouvir uma palavra de alguém que tem o dom de profecia. Contudo a Bíblia não ensina que devemos ir à procura de alguém para receber uma profecia, nem diz que devemos ser guiados pela palavra profética. Saber escutar a voz do Espírito Santo é também saber ouvir profecia. Cremos que há muitas formas de Deus falar conosco. A pregação, o ensino das Escrituras Sagradas, quando lemos a Palavra, por

---

[3] Moacir Gadotti. *Comunicação Docente – ensaio de caracterização da relação mestre-discípulo*. Petrópolis: Loyola, 1989. p. 115.

meio de um cântico, numa conversa informal, no aconselhamento, uma simples palavra de oração; o Senhor pode nos comunicar sua mensagem particular, a questão é saber escutar e buscar o sentido da Palavra.

Evidentemente essa voz não é audível, mas ela ecoa no coração. Não temos nos escritos bíblicos todas as recomendações sobre todos os assuntos da vida cotidiana, com questões particulares: Que curso devo fazer? Qual a minha vocação? Com quem devo me casar? Que negócio abrir? Qual país onde vou servir? Em que escola vou fazer o meu curso? São questões bem particulares e o Senhor está pronto a nos instruir: "Instruir-te-ei e ensinar-te-ei o caminho que deves seguir, sob as minhas vistas te darei conselho" (Sl 32.8).

Gordon, em seu comentário exegético da Primeira Carta aos Coríntios, traz luz sobre esse assunto quando diz que Paulo usou os escritos do AT como paradigmáticos e analógicos para aplicação em todo tempo e circunstância humanos. O Senhor Jesus também usou esse modelo. Da mesma forma usamos os escritos do NT. O Senhor nos fala pela Escritura, mas, quanto à aplicação às questões do cotidiano, cada um deve ouvir a voz do Espírito no íntimo. "Porque todos que são guiados pelo Espírito de Deus são filhos de Deus" (Rm 8.14).

Escutar a Deus é esperar o sentido da visão

Quando falamos em visão, não nos referimos apenas a um quadro que se compõe em nossa mente, mas a uma construção ou uma formação de um contexto geral, que nos faz perceber o caminho que está sendo traçado ou uma expectativa real do que vai acontecer. É um mover do Espírito Santo no interior do ser, revelando os propósitos soberanos de Deus. Assim foi com Simeão que, ao tomar Jesus em seus braços para a circuncisão, falou a seu respeito, mas falou com base na percepção espiritual e na esperança que ardia no seu coração baseada nas promessas de Deus. Essa percepção formava-lhe imagens da profecia messiânica além do que poderia entender, mas que podia visualizar (Lc 2.25-35).

Saber aguardar o sentido da visão é um exercício espiritual. Assim aconteceu com o profeta Habacuque. O Senhor lhe deu uma visão, porém lhe disse: "A visão ainda está para cumprir-se... se tardar, espera" (Hc 2.3). Há situações de pressão quando aguardar a resposta é uma atitude sábia para livrar-nos da precipitação e do erro de tirar conclusões irreais a respeito da vontade de Deus. O apóstolo Pedro recebeu uma visão enquanto orava, mas só compreendeu o sentido dela quando os enviados de Cornélio chegaram à sua casa, e só a entendeu completamente quando se reuniu na casa do centurião (At 10.9-29). O Espírito Santo treina os nossos sentidos para compreender o mundo espiritual.

Escutar é fazer silenciar a alma

Há momentos na vida em que não dá para tomar decisão, e há outros em que, mesmo seguindo a direção divina, é necessário guardar no coração as sinalizações de Deus até que as coisas entrem no processo de desdobramento ou se concretizem. Nesse conceito, temos o exemplo de

Maria: "Sua mãe, porém, guardava todas estas coisas no coração" (Lc 2.51).

Há verdades divinas com implicações tão pessoais, que só encontram sentido quando decifradas pelo silêncio do nosso coração. Escutar é fazer silenciar a alma, num sinal de entendimento para o interlocutor, que não deve ser questionado, porque a mensagem está além da capacidade de argumentação. Aí, então, só resta o sinal da postura da alma, que silencia para demonstrar que há percepção da verdade no íntimo do ser, mas não há código para decifrar a realidade, nem argumentação para falar sobre ela. Ele segreda ao coração; se quisermos compartilhar, não seremos entendidos. "O segredo do Senhor é para os que o temem" (Sl 26.14)

> É mister exercitar a arte do silêncio.
> Quando não entendemos a causa do sofrimento,
> E não encontramos respostas para a nossa dor,
> Quando as pressões estão acima da consciência,
> E nos impedem de compreender as razões da situação vivida,
> A melhor atitude é o silêncio.
> No dia mal, as angústias da alma nos incitam a falar, a queixar, a indagar...
> Porém, é prudência para a alma aquietar-se.
> E aguardar em silêncio a intervenção divina.

Escutar é um exercício progressivo

Muitas vezes, a mensagem divina precisa de tempo para ser entendida, porque ainda não temos a maturidade para decifrá-la; não existem em nós os pressupostos do conhecimento necessário para a assimilação da verdade. Por isso, a vida cristã é um crescimento progressivo. Deus, pelo Espírito Santo, vai agindo no entendimento, até que deixemos os "princípios elementares" da doutrina e nos aprofundemos nas verdades espirituais (Hb 5.11-14).

Jesus, em seu ministério, tinha verdades a ensinar aos discípulos, mas precisava de tempo para que fosse entendido, então disse: "O que eu faço não o sabes agora; compreendê-lo-ás depois" (Jo 13.7). Observando esse princípio, entendemos a preocupação do apóstolo Paulo em advertir sobre o perigo de consagrar para a liderança espiritual aqueles que são neófitos na fé (1Tm 3.6). A vida cristã é um crescimento progressivo do conhecimento de Deus; ela nos habilita para o exercício da escuta com maturidade.

Escutar é um processo de percepção

O entendimento da voz de Deus requer percepção do contexto natural da vida. Na caminhada, precisamos de atenção, pois Deus também nos chama para ver os acontecimentos naturais do nosso contexto de vida, das circunstâncias e dos processos históricos e sociais que nos circundam. Todos os dias, Rute narrava para sua sogra tudo que vinha acontecendo com ela. Diante de tudo, Noemi, lhe disse: "Espera, minha filha, até que saibas em que se darão as coisas" (Rt 3.18).

A ação divina está atrelada a tudo aquilo que nos rodeia. Podemos ouvir Deus ao ouvir nossa família. Os filhos devem inclinar os ouvidos para ouvir as orientações dos pais; o marido deve ouvir a mulher, e a mulher, o marido; o amigo deve ouvir o amigo; o liderado, o seu líder; o líder, por sua vez, ouve o seu mentor. Aliás, a Palavra nos instrui que "na multidão de conselheiros há segurança" (Pv 11.14). Para aqueles que estão no campo missionário, há um urgente desafio de escutar a voz de Deus dentro da cultura e do sistema sociopolítico da nação, como fizeram Daniel e José do Egito, mesmo em contextos totalmente pagãos. Logo, o desafio para quem está no campo transcultural é ainda maior. A disciplina de etnografia, com observação participante, amplia nossa percepção para compreender os contextos em que estamos inseridos, mas não é o bastante.

Nesse processo de aprender a escutar a Deus, também é necessário saber distinguir a voz divina das outras vozes.

A VOZ DE DEUS E AS OUTRAS VOZES

É necessário ouvir a Deus com entendimento, sem permitir que vozes de terceiros façam ruídos na comunicação.

No exercício da escuta, é necessário pôr as palavras à prova. "Porque o ouvido prova as palavras, como o paladar, a comida" (Jó 34.3). Sabemos que há muitas vozes no nosso interior e outras que vêm do exterior, e não é tarefa fácil discerni-las enquanto escutamos a voz de Deus.

Veremos como pôr as palavras à prova, procurando distinguir se uma palavra vem de Deus, se é a do nosso próprio coração, se é a voz de um amigo ou se é do diabo.

A voz de Deus

Ela se direciona para o cumprimento dos propósitos do Pai, revelados em sua Palavra. A verdade divina nas

Escrituras se aplica às questões do cotidiano e é comunicada pelo Espírito ao coração. Ela traz paz interior e silencia o barulho das águas agitadas pelas turbulências do nosso interior. A voz de Deus harmoniza a razão com a emoção; faz o racional se aliar ao afetivo e acomodar-se no volitivo. A voz de Deus convence! O profeta Jeremias confirma essa verdade quando expressa: "Persuadiste-me, ó Senhor, e persuadido fiquei" (Jr 20.7). As inquietações do espírito que indaga, questiona e busca as razões das situações vividas calam-se diante da voz poderosa do Deus que fala (Sl 29.4). Deus fala no íntimo pelo Espírito que em nós habita. Há uma confirmação, uma testificação do Espírito em nós (Rm 8.16). A liderança da igreja caminhava nessa intimidade com o Espírito a ponto de declarar que a decisão tomada tinha a anuência do Espírito. "Pareceu bem ao Espírito Santo e a nós" (At.15.28). Elias ouviu a voz de Deus num cicio tranquilo e suave (1Rs 19.12-13).

A voz do coração

Busca satisfazer a vontade própria. Inclina-se para o desejo e confunde-se com o sentimento. Deus não está comprometido em satisfazer essa vontade, porque "vontade é apenas um anseio que não considera as consequências físicas ou psicológicas daquilo que se deseja. Uma necessidade, por outro lado, é uma legítima exigência física ou psicológica para o bem-estar do ser humano".[4] Deus se

---

[4]   C. James Hunter. *O monge e o executivo*. Rio de Janeiro: Sextante, 2004. p. 53.

compromete a atender às necessidades, pois existe um mundo espiritual onde as consequências de uma decisão errada são mais graves.

É mister examinar a voz do coração, destituindo-se de seus próprios interesses, sendo sincero em querer atender à voz de Deus. O Senhor revela sua vontade a quem, com sinceridade, se dispõe a cumpri-la. Jesus disse: "Se alguém quiser fazer a vontade dele, conhecerá a respeito da doutrina" (Jo 7.17). A disposição de querer fazer a vontade de Deus é pré-requisito para conhecê-la! Não é primeiro saber para fazer; é primeiro querer, sondar o coração para encontrar as disposições interiores para obedecer. A um coração despojado, a voz de Deus ressoa!

A voz do amigo

Devemos distinguir a voz de Deus da voz do amigo. O amigo julga pela aparência. Assim foi na experiência de Jó. Seus amigos o acusaram pelo sofrimento que passava, desenvolvendo argumentações em busca do entendimento da situação, racionalizando as consequências das calamidades de que fora acometido. O amigo, por mais achegado que seja, não é capaz de perceber a razão dos acontecimentos nem de entender as circunstâncias com profundidade. Ele só aponta para o aparente. A voz do amigo nem sempre é sincera, porque é tendente a agradar ou a criticar.

Contudo, cremos que haja verdadeiros amigos, bons conselheiros e mentores: aqueles que falam comprometidos com a verdadeira sabedoria, que têm equilíbrio na sua percepção de vida, que têm coragem de repreender as falhas, que são experientes, capazes de aconselhar sem persuasão e sem exigir que a sua palavra seja seguida à risca.

Deus pode falar por meio do conselheiro amigo, evidentemente. Mas a palavra do amigo ajuda a esquadrinhar a diretriz já recebida, a perceber os atalhos do caminho que não estamos conseguindo enxergar na caminhada. Ele procura abrir os horizontes da verdade, mas não cabe a ele nos dar a luz da verdade. A palavra final e decisiva é do Senhor. Até porque: "cada um dará conta de si mesmo a Deus" (Rm 14.12). A ciência definitiva, o ponto máximo e decisivo da situação é percebido quando inclinamos o ouvido e escutamos a voz do bom pastor. "As minhas ovelhas ouvem a minha voz; eu as conheço, e elas me seguem" (Jo 10.27). Só assim estaremos seguros e convictos da direção de Deus.

A voz do diabo

O nosso adversário também fala. Jesus estava muito atento a isso. Às vezes usando alguém, outras vezes falando à consciência, direta ou indiretamente, a voz de Satanás ressoa para desviar do alvo, para acusar, para suscitar a autopiedade. Assim falou a Jesus: "Tem compaixão de ti" (Mt 16.22).

Certo dia, eu conversava com uma missionária que servia ao Senhor na África, havia mais de dez anos. Ela revelava uma grande amargura e dizia: "Eu tenho dado a vida a Deus, tenho trabalhado para ele com toda dedicação, e por que ele ainda não me deu um companheiro? Por que permitiu que eu me apaixonasse e me envolvesse com uma pessoa errada? Só para sofrer?".

Ela atribuía a Deus a sua frustração. Depois de algum tempo de conversa, confessou-me não ter buscado a convicção da vontade de Deus. Muitas vezes oramos para Deus confirmar aquilo que desejamos e não colocamos a nossa vontade para ser examinada à luz da verdade divina. Então, aproveitando a amargura da alma, Satanás fala ao ouvido, insinuando que Deus é culpado por decisões erradas e convencendo de que não valeu a pena dedicar a vida ao serviço do Senhor. Dessa forma, provoca a autocomiseração, a autopiedade. Expor-se como vítima de Deus é ação do diabo!

> O Maligno, com sua sutileza, tenta enganar, quando, na hora das decisões, a lógica e a razão afirmam que estamos certos, porém, apenas pela perspectiva humana. Satanás procura obscurecer o entendimento humano com raciocínios falsos, independentes da verdade, a fim de enrijecer a consciência com o engano do pecado.[5]

Satanás usa a Palavra de Deus indevidamente, como fez com Eva, no Éden. O inimigo cita a Palavra inapropriadamente, como fez com Jesus, no deserto.

Lutero, ao falar sobre pensamentos malignos em nossa mente, afirmou que não podemos impedir que passarinhos voem sobre nossa cabeça; mas podemos impedir que façam ninho. Devemos afinar a audição espiritual para não confundir as vozes que falam em nosso interior e não sermos enganados por ninguém em coisa alguma. Discernir a voz de Deus é um exercício fundamental para conhecer a vontade divina e para o desenvolvimento de uma espiritualidade genuína e madura.

---

[5] Durvalina Bezerra. *A vitória do Reino*. João Pessoa: Betel Publicações, 2017. p. 67.

Questões para reflexão pessoal ou em grupo, em atitude de oração

1. Na nossa humanidade, existem coisas que dificultam a arte de escutar. Relacione algumas delas e tente encontrar formas para vencê-las.

2. Relembre uma situação da sua vida em que você ouviu a voz de Deus; anote a forma que ele utilizou para para falar com você.

3. Descubra a sintonia do seu coração com o coração de Deus.

4. Examine o seu coração e avalie quanto de disposição existe para atender à voz do Senhor.

capítulo sete

VIVER A **VOCAÇÃO** COMO **EXPRESSÃO** DE ESPIRITUALIDADE

A verdadeira espiritualidade é identificada pela constante busca da vontade divina. O Senhor nos chama para o exercício da nossa vocação. Ela é definida pelos dicionários como uma inclinação; um chamado para realização de um ofício ou profissão; tendência; índole; disposição natural do espírito. No grego, a palavra *Kaléo*, e, no latim, *vocare* são equivalentes a *chamar*, convocar para um estilo de vida comprometido com uma missão, que permita dedicação total.

A vocação é um ato da soberania divina: "Chamou os que ele mesmo quis" (Mc 3.13); "Não fostes vós que me escolhestes a mim; pelo contrário, eu vos escolhi a vós" (Jo 15.16).

A vocação é, primeiro, uma chamada para o pertencimento: "chamou para junto dele, para estarem com ele". Depois, "para os enviar a pregar" (Mc 3.13-15). O texto nos ensina que sem o primeiro chamamento não existe o segundo.

O Mestre deseja construir em nós uma personalidade vocacional, rendida a ele, plenamente consciente dos valores divinos para serem expressos nas virtudes do cotidiano, comprometidos com a missão de Deus. Somos chamados para dar continuidade à obra de Jesus no modelo de Cristo: "Assim como o Pai me enviou, eu também vos envio" (Jo 20.21).

Porque "na Bíblia, entretanto, 'vocação' tem uma conotação muito mais ampla e mais nobre. Sua ênfase não é no aspecto humano (o que nós fazemos, mas sim no divino (o que Deus nos chamou a fazer)".[1] Menciono a seguir dois estilos de vocação: o chamado universal e a vocação específica.

O CHAMADO UNIVERSAL

Todos são chamados para servir na missão de Deus, servindo à igreja e à sociedade. John Stott escreveu o seguinte a esse respeito:

> Todo trabalho honrado, quer manual, quer mental, ou os dois, assalariado ou voluntário, seja humilde, seja servil, precisa ser visto pelos cristãos como algum tipo de cooperação com Deus, por meio da qual compartilhamos, com ele,

---

[1] John Stott. *Chamados por Deus*. João Pessoa: Betel Publicações, 2014. p. 38.

da transformação do mundo que ele criou e entregou aos nossos cuidados.[2]

O salvo é salvo para servir, quer dentro da sua profissão no seu contexto de vida, quer dentro do programa eclesial ou no campo missionário. A igreja institucionalizada criou a ideia de um clero que serve e de outros que são servidos. O verdadeiro cristianismo é diferente; na linguagem paulina, somos membros do Corpo de Cristo e cada membro exerce sua função no corpo (1Co 12.12-31).

Não há nenhum inválido no reino de Deus, pois ele dotou a todos com seus dons e talentos. O mandato de Mateus 28.18-20 é para a igreja. É um chamado geral, para todos, para fazer diferença na sociedade como sal e como luz do mundo (Mt 5.13-16).

A VOCAÇÃO ESPECÍFICA

Deus escolhe alguns para assumirem um ministério específico, como foi com Abraão, Davi, Moisés, os apóstolos e tantos outros. O Senhor tem propósitos definidos para cada um, como disse o salmista: "O Senhor cumprirá o seu propósito para comigo" (Sl 138.8).

Encanta-me a Palavra quando, ao se referir a Davi, declara: "Tendo, pois, Davi servido ao propósito de Deus em sua geração" (At 13.36). Não diz: tendo Davi servido como rei de Israel. Sim, é verdade ele foi rei, mas há um plano divino que deve ser considerado. Todo líder, todos os pastores e missionários, antes de assumirem cargos e

---

[2] John Stott. *Cristianismo autêntico*. São Paulo: Vida, 1995. p. 328.

ofícios, devem ser conscientes dessa verdade, desse chamado para o propósito divino.

Quando a igreja de Jerusalém estava em falta por deixar de dar assistência às viúvas helenistas, a comunidade elegeu diáconos para cuidar do social, porque os apóstolos declararam: "Quanto a nós, nos consagraremos a oração e ao ministério da Palavra". Eles eram conscientes de que não podiam assumir aquele tipo de trabalho, por isso foi criado o ministério diaconal. Paulo escreve que o Senhor distribuiu dons ministeriais bem distintos para servir o corpo inteiro (Ef 4.11; At 6.1-6).

VOCAÇÃO É SERVIR NO EXERCÍCIO DOS DONS RECEBIDOS

A Palavra deixa bem claro que o Senhor equipa, capacita seus servos com dons e talentos para o ministério ao qual os chamou (Rm 12.4-8; 1Co 12.4-11; Ef 4.11; 1Pe 4.10-11). É imprescindível descobrir nossos dons para sabermos qual contribuição podemos dar à igreja e à sociedade.

A vocação tem duas dimensões: a *individual* e a *comunitária*.

Vocação individual

O Senhor chama pelo nome. Abraão, Moisés, Samuel e tantos outros ouviram a voz divina os chamando. A chamada é pessoal; cada um precisa responder à voz do que chama, como foi com Isaías: "Eis-me aqui, envia-me a mim" (Is 6.3). O Senhor falou à igreja de Antioquia: "Separai-me, agora, Barnabé e Saulo para a obra a que os tenho chamado" (At 13.2).

Assim foi no passado e assim é no presente. A forma de chamar pode mudar, mas o Senhor continua se comunicando com aqueles que ele separa para sua obra. O vocacionado assume um firme compromisso com a vontade soberana de Deus, para viver dignamente neste mundo e cumprir a vocação para a qual foi chamado, porque daremos contas a Deus individualmente. "Assim, cada um de nós prestará contas de si mesmo a Deus" (Rm 14.12).

Vocação comunitária

O Senhor chama a igreja para cumprir sua missão no mundo. Fazemos parte do Corpo de Cristo; é a igreja local que confirma o chamado, porque a pessoa serve à igreja da qual é membro antes de servir em outra região, como foi com Barnabé e Saulo (At 13.1-3). A igreja deve prover o preparo, a começar do discipulado, e encaminhar para capacitação teológica/missiológica. Após o treinamento, ela envia e cuida. Nesse processo, a igreja local deve se utilizar do conselho missionário e de uma agência enviadora, que entende da logística e dos trâmites internacionais, se o chamado é transcultural.

A igreja identifica o vocacionado. Percebemos que a inclusão de Timóteo e Silas na equipe missionária de Paulo foi uma recomendação dos irmãos da igreja de Listra e Icônio (At 6.2-6; 16.1-3; 1Tm 4.14; Fp 4.14-18).

> Quando um jovem insiste em dizer que Deus o está chamando, os líderes e a igreja devem hipotecar-lhe apoio moral e espiritual, orar com ele e por ele, dar-lhe um voto de confiança, conceder-lhe oportunidades de demonstrar publicamente sua vocação, deixá-lo compartilhar seus sentimentos

e convicções, dizer-lhe palavras de estímulos e participar dos custos econômicos dos seus estudos no seminário. É importante a responsabilidade da igreja de Cristo na assistência à vocação. Não menos importante, entretanto, é o compromisso da família com o vocacionado.[3]

É necessário acompanhar o jovem missionário desde o momento da descoberta da vocação, apoiando, suprindo, intercedendo e encorajando-o a ser fiel à missão recebida do seu Senhor.

A vocação é uma resposta a Deus. O nosso primeiro compromisso é com aquele que nos chamou, uma resposta à igreja que tem a responsabilidade de ser uma comunidade missional, e uma resposta ao povo, à sociedade, que precisa receber nossas virtudes, dons e capacitações: somos enviados ao mundo para servir na proclamação da verdade do evangelho e na demonstração concreta do amor de Deus por meio de ações humanitárias. Primeiro, respondemos com o nosso "sim" a Deus: consequentemente, nós nos entregamos para servir a igreja; nela e por meio dela vamos servir às nações (Is 6.8-9; Jr 1.4-8; 1Sm 3.10; Mt 4.19-20; Mt 28.18-20).

DISCERNINDO OS SINAIS DA VOCAÇÃO

É necessário discernir a vocação com a compreensão da vontade de Deus. Dispor-se a servir a Deus sem a consciência da vocação é cumprir papel e ofício, assumir

---

[3] Kléos Magalhães Lenz César. *Vocação – Perspectivas Bíblicas e Teológicas*. Viçosa: Ultimato, 1997. p. 109-110.

VIVER A VOCAÇÃO COMO EXPRESSÃO DE ESPIRITUALIDADE

cargos e executar tarefas. No mundo secular, pode ser assim, mas no mundo espiritual é diferente. A vocação é um chamamento divino, é a energia mística que atrai o chamado. Deus, na sua soberania, escolhe; essa é uma determinação de seus atos. "Antes que eu te formei no ventre materno, eu te conheci, e, antes que saísses da madre, te consagrei, e te constituí profeta às nações" (Jr 1.5).

Porém, a escolha também é um ato da graça divina que conduz a pessoa para atender ao chamamento e a faz sentir-se feliz na escolha. Bem-aventurado é aquele a quem o Senhor escolhe (Sl 65.4). Aquele que recebeu o chamado passa a ter uma personalidade vocacional na qual encontra realização exclusiva no serviço sagrado. Essa consciência deve dominar a vida do vocacionado.

Certo dia, em sala de aula, uma aluna afirmava ser muito difícil saber a vontade de Deus, e perguntou-me como discerni-la. Respondi-lhe: "Concordo que é um profundo exercício espiritual, mas dedique-se ao estudo das Escrituras e aprenderá a ouvir a voz do Espírito no coração; a vontade divina será revelada".

A vontade de Deus já está revelada na Escritura Sagrada. Esta é a fundamental verdade do cristianismo: ouvimos o Senhor pela Palavra. Porém, ela deve ser discernida e aplicada à vida pessoal e às circunstâncias específicas do cotidiano. Precisamos conhecer a vontade de Deus no plano universal e no plano individual. Para isso, devemos buscar o sentido e o significado da Palavra pela iluminação do mesmo Espírito que a inspirou e está em nós para torná-la vida em nossa vida, carne na nossa carne e sangue no nosso sangue. É no confronto pessoal com a

Palavra que podemos ouvir a Deus e conhecer a sua vontade, aquilo que nos diz respeito.

Kierkegaard comenta: "Pois se a Palavra de Deus é para você apenas uma doutrina, algo impessoal, então não é um espelho [...] só uma pessoa autêntica, um 'Eu', é capaz de olhar-se no espelho".[4]

O apóstolo Paulo diz que, para compreender a vontade divina, é necessário renovar o entendimento (Rm 12.2). "Compreender pertence ao mundo do pensamento, relacionado com aquilo que a vontade de Deus é. É uma realidade interior que produz efeitos exteriores. É a dedicação da mente à renovação das faculdades espirituais".[5]

O discernimento da vontade divina também vem pelo exercício das faculdades intelectivas. É a arte de exercitar os pensamentos e o raciocínio à luz da verdade de Deus para chegar à compreensão da sua direção (Hb 5.14).

Podemos ser impelidos para a vocação, pela forte tendência de seguir um programa ou um projeto, para buscar a superação e a realização pessoal, para nos satisfazermos com atitudes altruístas. A pessoa que é impelida prejudica a si mesma, aos outros e à obra de Deus. "Na hora em que os impelidos estão rompendo em frente, eles podem até pensar que possuem essa qualidade."[6] É bom entender a diferença entre ser impelido e ser vocacionado.

---

[4] Soren Kierkegaard. In: James M. Houston. *Mentoria espiritual*. Rio de Janeiro: Sepal, 2003. p. 118.

[5] Francis Schaeffer. *Verdadeira espiritualidade*. São José dos Campos: Fiel, 1993. p. 127-128.

[6] Gordon MacDonald. *Ponha ordem no seu mundo interior*. Belo Horizonte: Betânia, 1988. p. 55.

Muitas vezes, nos momentos em que menos se espera, aparecem situações adversas e pode haver um colapso. "Mas os chamados possuem uma força que vem de dentro, possuem uma perseverança e um poder que oferecem resistência aos golpes externos".[1]

É imprescindível avaliar os sinais da nossa vocação antes de pôr a mão no arado. O reverendo Kléos M. Lenz César, no seu livro *Vocação: perspectivas bíblicas e teológicas*, expõe com muita propriedade os sinais duvidosos e os sinais autênticos da vocação, como colocamos de forma sintética nos dois pontos seguintes:

1. **Sinais duvidosos:** tradição familiar, influências de terceiros, frustração e insucesso profissional, qualificações naturais, atração pelo status eclesiástico.

2. **Sinais autênticos:** operação do Espírito Santo na consciência, produzindo uma intensa compulsão interior, crescente amor pelos perdidos, comprovada aptidão natural para o trabalho, capacitação com os dons especiais ou espirituais, percepção gradual da natureza específica da vocação e das confirmações dadas pelo Espírito Santo e persistência em transpor os obstáculos à vocação.

A convicção plena com os sinais autênticos é um fator predominante para o êxito da missão. Sabemos que o ministério é árduo. Se o discípulo não tiver convicção plena de que está fazendo aquilo que o Pai determinou que ele fizesse, na primeira dificuldade pode vir a desistir.

---

[1] Charles Swindoll. *O mistério da vontade de Deus*. São Paulo: Mundo Cristão, 2001. p. 57.

Uma pesquisa realizada pela Aliança Evangélica Mundial (publicada no livro *Valioso demais para que se perca*, Editora Descoberta, 1998) acerca do retorno antecipado dos missionários constatou que, dos missionários brasileiros que retornaram, 5% não tinham convicção de chamada.

A vocação ministerial/missionária não procede apenas de um desejo ou de uma decisão pessoal. Ela não pode ser motivada pela escassez de obreiros nem pela condição miserável dos povos. A vocação não pode se dar pelo estímulo da família, nem da liderança eclesiástica, nem das agências enviadoras. A convicção da escolha é um impulso interior, uma testificação íntima, uma consciência absoluta e inquestionável produzida pelo Espírito Santo em nós. Antes de atender à vocação ou de assumir uma liderança, devemos buscar em oração a certeza interior para fazer a obra com convicção.

O apóstolo Paulo declara que levou o evangelho até os tessalonicenses em "plena convicção" (1Ts 1.5). Ninguém deve ousar se dedicar ao ministério ou sair ao campo sem uma forte convicção e um compromisso firme com o Senhor que vocaciona. Conscientes da nossa vocação, ficamos mais seguros para tomar decisões para o cumprimento da missão e mais confiantes para realizar o que o Senhor estabeleceu para nós. A Escritura nos afirma que "os dons e a vocação de Deus são irrevogáveis" (Rm 11.29).

Aceitar a escolha divina é uma atitude de reconhecimento da soberania e do senhorio de Cristo. Se ele é o Senhor da nossa vida, o que nos cabe é nos submetermos ao seu comando. Ouvi certa vez um pregador dizer que a vontade de Deus é boa, perfeita e agradável para o próprio Deus, mas, como poderia ser para nós, visto que

VIVER A VOCAÇÃO COMO EXPRESSÃO DE ESPIRITUALIDADE

sofremos tantos desatinos, decepções... Porém, o apóstolo Paulo afirma que a experimentação da vontade soberana, produzida no laboratório divino, se reveste dessas mesmas qualificações expressas na Escritura. Se para o budismo o sofrimento é bem-aceito como um meio de purificação da alma, por que, para o cristão, o sofrimento fere a bondade de Deus?

A renovação do entendimento torna-nos capazes de qualificar a vontade de Deus como boa, perfeita e agradável. Boa, porque faz bem à vida, traz benefícios. Quem se encontra dentro da vontade de Deus tem proteção e garantia de sua subsistência. Os desatinos e as pressões ganham sentido na dimensão espiritual da vida. Uma proposta de vida planejada por um ser essencialmente bondoso só pode ser boa.

Outra qualificação da vontade de Deus é que ela é perfeita. Perfeita, porque traz realização plena no presente e no futuro, sacia os anseios da alma, atinge as expectativas da vida. Ela se ajusta à realidade de cada um, numa perspectiva integral.

A vontade de Deus tem mais uma característica positiva: ela é agradável. Agradável porque alcança os propósitos divinos, e neles há prazer e satisfação plena. A vontade de Deus é impulsionada pela paixão de doar a vida, pela alegria de ver outros encontrando a verdadeira vida. Agradável porque dá sentido à vida e a torna significativa para si mesmo e para outros.

É comum vermos os candidatos ao ministério sagrado pedindo sinais a Deus para confirmar a chamada. Alguns dizem: "Se eu não passar no Enem, vou para o seminário"; outros: "Se eu conseguir o visto, vou servir em tal país"; e outros: "Se Deus providenciar o sustento, é porque ele vai me levar para missões". Devemos ter cuidado com as infantilidades. Se alguém sente direção divina para buscar um sinal, este deve ser apenas para confirmar a voz do Espírito Santo no seu coração, e nunca ser o fato conclusivo da revelação de Deus. O discernimento da vontade divina é coisa séria e não deve ser buscado com superficialidade. "Seguir a vontade de Deus exige sabedoria, pensamentos claros e, sim, uma dose significativa de bom senso. Tal combinação nos ajuda a compreender a vontade do Pai".[8]

Não basta conhecer a vontade soberana e discernir a vocação. É necessário ser dirigido pelo Senhor, a cada passo. Nunca seremos capazes de cumprir a vocação se não nos submetermos à sua direção. Podemos fazer grandes obras para Deus, mas não necessariamente dentro do plano que ele traçou, com os recursos que ele provê e no tempo por ele determinado. Moisés buscou a direção de Deus: "Rogo-te que me faças saber neste momento o teu caminho" (Ex 33.13).

A direção se relaciona com a especificidade da obra que o Senhor deseja que realizemos e o processo que devemos seguir no seu desenvolvimento. A chamada é uma experiência que se renova ao longo da jornada ministerial. Todos os dias devemos estar atentos às sinalizações do caminho.

---

[8] Charles Swindoll. *O mistério da vontade de Deus*. São Paulo: Mundo Cristão, 2001. p. 57.

VIVER A VOCAÇÃO COMO EXPRESSÃO DE ESPIRITUALIDADE

Questões para reflexão pessoal ou em grupo, em atitude de oração

1. A convicção faz parte da sua experiência vocacional?

2. Você pode identificar os sinais da sua vocação?

3. Na sua vivência cristã, busque as circunstâncias em que a vontade divina pôde ser qualificada como boa, perfeita e agradável.

capítulo oito

O **PROCESSO** DE **CONSTRUÇÃO** DA ESPIRITUALIDADE

A espiritualidade é um processo de aperfeiçoamento contínuo. Devemos nos expor ao tratamento que o Senhor tem programado para nós. Ele está sempre pronto para trabalhar em nosso interior. O divino Mestre tem grandes lições a nos ensinar por meio da oração e da meditação na sua Palavra. Ele também se apropria das circunstâncias da vida, das relações interpessoais, de todo o contexto sociocultural e de nossa história de vida. As lições serão escritas no coração e marcarão o nosso caráter com traços profundos que nos acompanharão pelo resto da vida.

Quanto aos vocacionados que buscam um programa curricular em uma escola de preparação de ministros, o divino Mestre se utiliza das ferramentas do processo ensino-aprendizagem e do tempo de preparo teológico/missiológico para tratar de nossa cosmovisão, nossos pressupostos teológicos, nossos valores, nossas convicções e nossas emoções. Ele quer imprimir em nossa mente e coração as verdades bíblicas para a transformação radical do nosso ser, com o objetivo de a missão ser autenticada com a expressão da vida.

Cabe também nos matricularmos na escola da vida cristã, onde o divino Mestre tem grandes lições para nos ensinar.

A CONSTRUÇÃO DA ESPIRITUALIDADE COMEÇA COM UMA VISÃO CORRETA ACERCA DE DEUS

O evangelicalismo é constituído de muitas vertentes. Há grupos que defendem um evangelho liberal; estes têm a imagem do Deus que tudo aprova e nada exige. Outros se relacionam com um Deus legalista, carrasco, sempre pronto a punir a transgressão e lançar a ovelha para fora do aprisco.

São patentes as divisões entre os evangélicos, por isso há tantas denominações e grupos independentes. Isso se dá por muitas razões. Mas uma delas é o fato de defendermos nossos conceitos teológicos de forma tão acirrada, que chegamos até a pensar que Deus não pode agir diferentemente da forma que o percebemos. Colocamos Deus no quadradinho das nossas tendências teológicas e queremos manipulá-lo dentro das nossas concepções.

Há cristãos que só aceitam o Deus generoso, que sempre lhes atende em suas necessidades. Outros aceitam a soberania divina de forma tão radical, que até os males provocados pela malignidade, ou próprios do contexto humano, que devem ser rejeitados e vencidos, são aceitos como ato da determinação soberana e, por isso, sofridos com resignação. Devemos nos questionar: Em qual imagem divina nos concentramos?

O conhecimento de Deus se dá no nível do espírito e na construção de pensamentos corretos sobre ele. Isso significa desenvolver a mente na ciência de Deus: a mais alta especulação, além da razão e da lógica; a mais atrativa filosofia, porque vai além da consciência moral.

O conhecimento de Deus se dá pela Escritura. Deus revela seu caráter e seus propósitos pela Palavra. "A revelação das tuas Palavras esclarece e dá entendimento aos simples" (Sl 119.130). O Espírito Santo ilumina nossa mente para a compreensão da sua natureza, das riquezas da sua glória e do seu poder (Ef 1.17-20). O conhecimento de Deus é real, é apreendido pelas experiências gradativas quando experimentamos a verdade divina no nosso cotidiano e vivenciamos os princípios e valores divinos em nossos relacionamentos, em nossas palavras e ações. O conhecimento de Deus se dá nessa tríplice ação. Como declara J. Packer: "Conhecer a Deus não significa saber sobre ele".

Trata-se de buscar a percepção da perfeição da personalidade divina, o equilíbrio dos seus atributos e as multifaces do seu caráter. É conhecer a Deus e relacionar-se com ele como o Ser transcendente, que está além de nós, incomparável, insondável, indizível e, ao mesmo tempo, o Ser imanente, junto a nós, que nos compreende como somos e se dispõe a nos tornar mais próximos da imagem dele, expressa no seu Filho.

É necessário rever a nossa forma de pensar sobre Deus. Não podemos construir um quadro mental da divindade a partir da imagem do Deus da religião ou com as linhas que formam a imagem do Deus legado pela tradição familiar e cultural.

Pensar corretamente acerca de Deus é percebê-lo no equilíbrio dos seus atributos. O seu amor age de acordo com a sua justiça. Os seus propósitos soberanos são dirigidos pela sua sabedoria. A sua paz alcança a conturbada consciência que, ao enxergar o erro, se arrepende. O Deus que perdoa é o Deus que disciplina. O Deus que sustenta e supre é o Deus que deixa sofrer a falta. O Deus que livra da perseguição é o Deus que permite o martírio.

A espiritualidade depende de como reagimos aos sentimentos, do modo como vemos as coisas. Por isso, o significado que damos às experiências e o sentimento com que as assimilamos determinam o proveito que elas trazem para o nosso crescimento espiritual. "Todas as coisas cooperam para o bem daqueles que amam a Deus, daqueles que são chamados segundo o seu propósito" (Rm 8.28).

Se raciocinamos ou reagimos de forma negativa ao que nos acontece, não aferimos nenhum valor ao sofrimento, à dor ou à rejeição, e não somos capazes de tirar proveito das adversidades; fica defeituosa nossa visão acerca de Deus. Só uma mente espiritualizada, revestida das verdades de Deus, é capaz de relacionar-se com ele de forma saudável.

Só crescemos no conhecimento de Deus quando aprendemos a desaprender. Isso é necessário para aprender a aprender. Para ilustrar esse conceito, relato uma conversa que tive com uma aluna do Seminário Betel Brasileiro. Ela estava em conflito e procurou-me para dizer:

— *Não tenho buscado a Deus como fazia anteriormente. As tarefas acadêmicas não têm permitido que eu vá ao*

O PROCESSO DE CONSTRUÇÃO DA ESPIRITUALIDADE

monte orar, como fazia toda semana, e não sinto a presença de Deus como antes.

— Você tem consciência de que Deus a está preparando para o ministério sagrado? — indaguei-lhe.

— Sim! — respondeu ela.

— Esse tempo de preparo é aprovado por ele?

— Sim! — respondeu novamente.

— Você tem conhecido a Deus pela Palavra mais do que antes?

— Sim, tenho crescido no conhecimento de Deus; vejo-o de forma muito mais ampla e profunda — disse ela.

— Você está crescendo; seu relacionamento com Deus não depende do que você faz; não queira viver e sentir da mesma forma que antes — concluí.

Paulo declarou: "Quando eu era menino, falava como menino, sentia como menino, pensava como menino; quando cheguei a ser homem, desisti das coisas próprias de menino" (1Co 13.11). Nessa transição, podemos entrar em crise espiritual. Os líderes devem estar atentos para ajudar o discípulo a ajustar a percepção da divindade às suas novas experiências. Porque, para alcançar a maturidade espiritual, é necessário desaprender nossa forma de conhecer a Deus e de nos relacionar com ele, para crescermos no conhecimento de Deus.

"Pensar teologicamente é difícil, pois o raciocínio trabalha contra a perspectiva humana e horizontal que temos da vida. Pensar verticalmente é uma arte que poucos dominam."[1]

---

[1] Charles Swindoll. *O mistério da vontade de Deus.* São Paulo: Mundo Cristão, 2001. p. 33.

A visão correta de Deus nos torna capazes de nos relacionarmos com ele sem perder o equilíbrio das dimensões do seu caráter e das múltiplas formas pelas quais ele se revela em unidade e integralidade de sua personalidade perfeita.

CONHECER A NÓS MESMOS NO PROCESSO DA ESPIRITUALIDADE

Depois de ampliar e aperfeiçoar a forma de olhar para Deus, devemos exercitar os olhos da alma para ver a nós mesmos. Esse autoconhecimento não se dá apenas à luz da consciência moral, porque qualquer homem pode usar dessa propriedade e assim fazer, mas se processa à luz da verdade divina.

"O autoconhecimento e o relacionamento com Deus estão estreitamente associados. De fato, o desafio de abandonar nosso 'falso antigo' eu para vivermos autenticamente nosso 'verdadeiro novo' ego está no cerne da verdadeira espiritualidade."[2]

Devemos expor a consciência à luz da verdade e da nossa realidade. O salmista observava bem essa prática quando invocava a onisciência divina: "Sonda-me, ó Deus, e conhece o meu coração, prova-me e conhece os meus pensamentos" (Sl 139.23). Ele sabia que, para conhecer a si mesmo na imagem real da sua personalidade, era necessária a ação divina, porque só a Escritura revela as intenções mais íntimas.

---

[2] Peter Scazzero. *Espiritualidade emocionalmente saudável*. São Paulo: Hagnos, 2015. p. 83.

"A nossa principal tarefa é alinhar a nossa consciência com o padrão da Palavra de Deus. O primeiro dever do homem não é seguir a sua consciência, e, sim, instruí-la na Bíblia."[3] A Palavra é apta para discernir os propósitos e as intenções do coração (Hb 4.12); ela faz o confronto entre nossa personalidade com a verdade que foi exposta. O Espírito esquadrinha o nosso pensar, focaliza os lugares de reparo — as rachaduras da construção do nosso eu. A personalidade humana é construída por referências que influenciam nossa conduta. Entretanto nem sempre temos modelos. Pais, educadores e líderes muitas vezes influenciam negativamente e não oferecem valores sólidos para a construção do ser. As pressões sociais, as imagens pessoais do passado e as situações a que somos expostos no presente danificam e podem deturpar a nossa autoimagem real. A visão correta de nós mesmos deve ser trabalhada. Para isso, devemos nos precaver em relação a duas tendências que interferem na construção de uma autoimagem equilibrada.

A primeira é a tendência de nos subestimar; é o autovalor inconsistente, produzido pelas falhas da formação, criando uma imagem negativa de nós mesmos. Vemo-nos como rejeitados e incapazes e nunca exploramos o potencial que temos. Precisamos trabalhar a autoestima, porque essa postura tanto prejudica a visão correta da nossa identidade real como traz desequilíbrio para a convivência em grupo.

A outra tendência é a de nos superestimar, tendo uma imagem acima da realidade. Isso se manifesta na pessoa

---

[3] Seminário Bíblico Palavra da Vida. Apostila "Ética Pessoal". p. 19.

altiva, que domina a situação, centraliza o trabalho: é sempre quem tem as melhores ideias, porque é seduzida pela pretensão de saber e de fazer as coisas de forma inusitada ou melhor do que o outro faz. Paulo adverte: "Ninguém tenha de si mesmo um conceito mais elevado do que deve ter; mas, ao contrário, tenha um conceito equilibrado" (Rm 12.3).

Fui convidada para ser palestrante de um congresso nacional para mulheres, e a líder foi ao Betel Brasileiro para trabalhar o tema comigo. Ela disse que queria que eu falasse de autoestima, porque as mulheres precisam entender seu autovalor. Eu disse que iria, se o tema fosse "Compreender o autovalor do ser em Jesus, não numa perspectiva humanista".

> A resposta para tudo que nos aflige é a autoestima que conduz ao autoaperfeiçoamento e à autossatisfação. Isso tudo, porém, não passa de termos técnicos para o orgulho. O problema com esse modo de pensar é que ele trata somente do "eu", e não do "eu", vivendo na presença de Deus. Não precisamos nos sentir melhores em relação a nós mesmos. Precisamos do Deus que nos torna melhores por meio dele e para ele.[4]

Nossa identidade em Cristo nos guardará da autoestima soberba e da autoestima baixa. Deus nos criou à sua imagem e semelhança, mas a queda dos nossos primeiros pais deturpou essa imagem. Ninguém é constituído apenas de valores ou apenas de fraquezas. Todos nós temos

---

[4] Mark Driscoll. *Quem você pensa que é?* São Paulo: Mundo Cristão, 2014. p. 57.

O PROCESSO DE CONSTRUÇÃO DA ESPIRITUALIDADE

traços negativos e positivos. Existem falácias na concepção de nós mesmos. Humanamente falando, não há terapia psicológica que possa eliminar tal falsificação, pois ela envolve nosso relacionamento específico diante de Deus. Não desprezamos a ciência: a psicologia, a psicanálise têm dado excelente contribuição na cura das mazelas da personalidade humana. Porém, só o Criador é capaz de penetrar nas profundezas de nosso ser.

Só na fé em Deus existe cura para essa condição humana. Para Kierkegaard, portanto, "a fé significa que o 'ser', ao ser ele mesmo e desejar ser ele mesmo, descansa transparentemente em Deus".[5]

É mister se dispor à operação do Espírito Santo, pois ele está em nós para tratar nosso caráter, aperfeiçoando as áreas de fraqueza e revestindo o nosso potencial com a graça divina, para que tudo em nós seja tão somente expressão da graça. O que somos é investimento da graça, e ela não pode ser desqualificada. Paulo experimentou essa dimensão de vida, como declarou: "Pela graça de Deus, sou o que sou; e a sua graça, que me foi concedida, não se tornou vã" (1Co 15.10). Anular a graça é não se apropriar dela para vencer as fraquezas e vulnerabilidades. A operação da graça divina torna possível viver potencialmente a realidade da vida de Jesus em nós.

Examinando o texto de 1Coríntios 4.3-4, Timothy Keller comenta: "Paulo mostra aos coríntios que o evangelho transformou seu senso de valor próprio, a maneira

---

[5] Soren Kierkegaard. In: James M. Houston. *Mentoria espiritual*. Rio de Janeiro: Sepal, 2003. p. 122.

em que ele se considera a si próprio e sua identidade. Agora seu ego funciona de um jeito totalmente diferente".[6]

COMO TRABALHAR A MUDANÇA DA AUTOIMAGEM?

Procurando viver em paz com a memória

As lembranças do passado são carregadas de emoções. São elas que marcam a nossa vida, porque são responsáveis pelo registro das nossas experiências. Saber lidar com as emoções trazidas pela memória não é um exercício fácil, mas refletiremos sobre alguns passos que poderão nos ajudar, contando com a administração da graça divina.

1. Esquecendo o passado

Devemos deixar para trás as lembranças amargas, as frustrações e tudo que não constrói o nosso futuro nem alegra o nosso presente. O dr. Lloyd-Jones afirma: "Não há nada mais repreensível, a julgar pelos critérios comuns do pensamento, do que permitir que algo que pertence ao passado seja causa do fracasso do presente. E uma preocupação mórbida com o passado faz exatamente isso".[7]

A Palavra nos instrui quando o apóstolo Paulo declara: "Esquecendo-me das coisas que para trás ficam" (Fp 3.13). Deixe o passado no passado. Jesus ensinou: "Basta a cada dia o seu mal" (Mt 6.34). Isso não quer dizer que lembranças amargas serão apagadas. A ciência já comprovou isso. Porém, elas não terão poder de nos dominar ou de

---

[6] Timothy Keller. *Ego transformado*. São Paulo: Vida Nova, 2015. p. 25.

[7] Martin Lloyd-Jones. *Depressão espiritual*. São Paulo: PES, 1987. p. 73.

O PROCESSO DE CONSTRUÇÃO DA ESPIRITUALIDADE

nos deixar sob tensão; não atingirão nossos pensamentos para nos levar à amargura e à depressão.

2. Reconstruindo a memória

Nosso Cristo veio para nos oferecer vida, e vida em abundância. Vida restaurada pelo poder da cruz. Ele nos dá o melhor modelo de felicidade. Se cremos assim, é inadmissível viver das experiências amargas do passado.

Com muita propriedade, dr. Augusto Cury escreve que "a única possibilidade de resolver nossos conflitos é reeditar os arquivos da memória, por meio do registro de novas experiências sobre experiências negativas, nos arquivos onde elas estão armazenadas".[8]

Vejamos como José do Egito aplicou esse princípio: ele reconstruiu a memória porque percebeu os propósitos de Deus no passado, com a visão do presente projetada no futuro. Há coisas que nos aconteceram que devem ser avaliadas para encontrarmos o seu lugar dentro dos propósitos eternos, mesmo isso não sendo uma experiência agradável, mas que contribui significativamente para o nosso crescimento e para o cumprimento do plano divino.

Quando se revela aos seus irmãos, José declara: "Não vos entristeçais, nem vos irriteis contra vós mesmos por me haverdes vendido para aqui; porque, para conservação da vida, Deus me enviou adiante de vós" (Gn 45.5). José olhou para o passado e, mesmo que as lembranças fossem tristes, ele supera o acontecido e incita seus

---

[8]   Augusto Cury. *Pais Brilhantes – Professores Fascinantes*. Rio de Janeiro: Sextante, 2003. p. 110.

irmãos a fazerem o mesmo, porque avalia o mal e a injustiça sofrida como formas de Deus agir para trazer livramento no presente.

A memória negativa foi transformada pelo entendimento dos propósitos divinos, do agir do Soberano, que não desperdiça nenhum evento, por mais doloroso que seja. Porque os dramas do homem são o palco para a intervenção divina na história.

Aquele que anda com Deus pode olhar para trás e construir uma nova percepção do passado, ao reconhecer a mão de Deus direcionando os mínimos detalhes da sua vida.

José estava num plano superior, era o governador do Egito, a potência mundial da época. Gozava de status, poder e privilégios que lhe foram atribuídos por Faraó, mas tudo isso não teve o poder de eclipsar a glória da Canaã prometida e de dirimir a esperança das bênçãos do Deus de Israel para seu povo.

Ele olha para o futuro e projeta a concretização da promessa. "Deus certamente vos visitará e vos fará subir desta terra para a terra que jurou dar a Abraão, a Isaque e a Jacó [...] e fareis transportar os meus ossos daqui" (Gn 50.24-25). A memória do passado é substituída pela percepção da ação de Deus no presente e a visão do futuro, que, apesar de distante, a fé aproxima, dando significado à vida.

Exercitando-se no autoexame

No processo do autoconhecimento, é necessário o exame introspectivo não à luz da consciência moral, mas à luz de Deus; é a prática da relação intrapessoal: conversar consigo, para examinar a consciência, avaliar o coração.

O PROCESSO DE CONSTRUÇÃO DA ESPIRITUALIDADE

Buscar as razões das ações e reações, a fim de identificar nossas fraquezas e limitações. Devemos, como propôs A. W. Tozer, ouvir a voz interior até aprender a reconhecê-la, chamando para casa os pensamentos errantes e exercitando a concentração espiritual.

A igreja contemporânea tem negligenciado essa prática, porque é doloroso nos deparar com a nossa realidade. Assim, não damos oportunidade para que Deus trate nossas fraquezas e quebre o vaso para fazê-lo de novo. É "o desespero consciente e inconsciente" de que fala Kierkegaard, "aquela parte de mim que prefiro não conhecer, e com a qual não quero que Deus me confronte. Esse inconsciente é aquilo que eu intencionalmente não quero perceber, nem permitir que seja examinado".[9]

Há uma chamada divina para o autoexame: "Examine-se, pois, o homem a si mesmo" (1Co 11.28). Se entendemos, porém, que o propósito divino é nos curar e nos tratar, aperfeiçoando o nosso ser, procuraremos conhecer o nosso potencial e as nossas fraquezas, porque o autoexame é um exercício essencial para a prática de uma espiritualidade consciente de quem somos.

O ponto de encontro para o autoconhecimento é o lugar secreto de oração no quarto fechado, porque de portas fechadas ninguém tem direito de entrar, nem a pessoa mais íntima da família (Mt 6.6). Há coisas no mundo interior que a própria consciência comum não consegue divisar; só Deus pelo seu Espírito nos faz ver.

---

[9] Soren Kierkegaard. In: James M. Houston. *Mentoria espiritual*. Rio de Janeiro: Sepal, 2003. p. 121.

Martyn Lloyd Jones comenta: "Se não nos examinar-mos a nós mesmos, nunca vamos realmente orar, e vive-remos nossa vida inteiramente na superfície".[10]

Examinando a consciência

Consciência é a faculdade humana que torna o homem in-distintamente cônscio das regras universais obrigatórias de conduta. Ela é formada por memória, inteligência e ex-periência. Para o Bispo Buther, "é a faculdade da razão que é capaz de distinguir entre o certo e o errado. É o juiz inte-rior que aprova ou desaprova nossos atos e pensamentos, confere o senso do que é certo ou errado em nossa condu-ta ou motivação". Para John Henry Newman, "é uma espé-cie de visão luminosa concedida por Deus à sensibilidade humana [...] uma forma de elo entre Deus e o homem".[11]

Paulo recomenda que tenhamos uma boa consciência (1Tm 1.5,19). Para desenvolvê-la é necessário cultivar o hábito de examiná-la. A Palavra de Deus nos exorta: "Examinai-vos a vós mesmos, se realmente estais na fé; provai-vos a vós mesmos" (2Co 13.5). Somos chamados a educar a consciência num padrão superior à moralidade humana, e para isso devemos:

Avaliar-nos diante de Deus

Isso deve ser feito com os critérios de verdade e justiça encontrados nos ensinos das Escrituras (2Co 11.31-32).

---

[10] Martyn Lloyd-Jones. *Avivamento*. São Paulo: PES, 1992. p. 87.

[11] R. N. Champlin. *Enciclopédia de Bíblia Teologia e Filosofia*. v. 1. São Pau-lo: Hagnos, 2001. p. 870.

O PROCESSO DE CONSTRUÇÃO DA ESPIRITUALIDADE

É um grau de verdade superior ao julgamento da consciência comum. Isso consiste em colocar a consciência diante do código divino, à luz da sua verdade, não à luz da razão e da lógica. "A relação que se instaura com a Palavra é realizada pelo Espírito, é Ele que me abre essa atitude necessária para que a Palavra me diga alguma coisa. Quando entre nós e a Palavra há uma relação profunda, então os mistérios se descerram."[12] O Espírito Santo esquadrinha o coração e prova as intenções mais íntimas: "Eu, o Senhor, esquadrinho a mente, eu provo o coração" (Jr 17.5). Deixar-se conhecer a si mesmo diante de Deus numa perspectiva do conhecimento que ele tem de nós é um exercício do autoexame. Deve ser nossa, a oração de Agostinho de Hipona: "Fazei que eu Vos conheça, ó conhecedor de mim mesmo, sim, que Vos conheça como de Vós sou por ti conhecido".[13]

Avaliar-nos diante de nós mesmos

A consciência deve nos avaliar diante de nós mesmos. Ao receber o Espírito Santo, adquirimos um senso de julgamento que nos permite discernir a nossa própria conduta para julgarmos a nós mesmos. "Porém, o homem espiritual julga todas as coisas, mas ele mesmo não é julgado por ninguém" (1Co 2.15). Se usamos a prática do autoexame, expandimos a nossa consciência avaliando-nos a nós mesmos.

---

[12] Marko Ivan Rupnik. *O discernimento*. São Paulo: Paulinas, 2004. p. 68.
[13] Agostinho. *Confissões de Santo Agostinho*. Porto: Apostolado da Imprensa. p. 239.

Não podemos atribuir a consciência ao superego de Freud, nem reduzi-la à percepção ordinária de valores ou apenas à consciência moral que dita o certo e o errado. Há coisas que podem ser admissíveis para uns, mas que, para outros, não são permitidas. Os diferentes conceitos de moral e ética dentro da nossa cultura ou fora dela, as divergências doutrinárias e a questão do relativismo ficam todos subjugados ao padrão espiritual que já se elevou àquilo que é ético e moral, dentro dos limites da consciência do outro. Paulo escreveu: "Tudo me é lícito, mas nem tudo me convém" (1Co 6.12). A responsabilidade é individual; cada um deve definir o que não convém, mesmo que seja lícito (1Co 10.23-33).

O apóstolo Paulo declarou que, mesmo que a sua consciência não o acusasse de nada, ele não se dava por justificado, porque se submetia ao julgamento do Senhor (1Co 4.4). Nesse novo padrão, somos formados na consciência de Cristo. Ele é o nosso padrão (Jo 13.15; 17.18-19).

Avaliar-nos diante do outro

Paulo chamou o testemunho da sua consciência para provar aos coríntios a sinceridade e a simplicidade provenientes de Deus em sua conduta (2Co 1.12). Recomendou-se a si mesmo à consciência de todo homem e não exigia outra coisa senão a consciência para reconhecer seu testemunho diante de Deus (2Co 4.2; 5.11). É a autenticação do caráter cristão testificado pelos irmãos, porque a relação com o outro é a oportunidade de ver-nos a nós mesmos no espelho do outro (Rm 14.1-4,10,13,22). "Precisamos de outra pessoa que nos revele coisas a

O PROCESSO DE CONSTRUÇÃO DA ESPIRITUALIDADE

nosso respeito que não conseguimos ver [...] devemos pedir ajuda para poder crescer. Às vezes a única coisa que atrapalha é achar que pedir é sinal de fraqueza."[14]

As divergências de usos e costumes, as diversas formas culturais, tudo isso tende a cauterizar a consciência ou torná-la inadequada para o julgamento correto da verdade. Lembremo-nos de que a consciência não é a instância final, porque nem sempre pensamos da mesma forma. O Criador nos fez diferentes. Não há um DNA igual. É o Espírito Santo que traz luz à nossa consciência para o julgamento correto da verdade.

Precisamos aprender a ouvir o que o outro tem a nos dizer acerca de nós mesmos. Evidentemente, devem ser pessoas confiáveis; todo cristão precisa buscar um mentor para aconselhamento e prestação de contas. A mentoria é essencial para o amadurecimento cristão. Tiago fala de um confessor, alguém que nos favorece a oportunidade para o nosso exame de consciência na perspectiva do outro e incentiva o exercício da confissão de uns para com os outros (Tg 5.16). Jesus também ensinou a confissão comunitária: quando algum irmão pecar contra o outro e as coisas não ficarem resolvidas entre eles, o assunto deve ser levado à igreja (Mt 18.15-17).

Para vivermos uma vida piedosa, faz-se necessário estarmos em paz com todos não só diante da nossa consciência, mas diante da consciência dos nossos irmãos (Rm 12.18).

---

[14] W. Mark Baker. *Jesus, o maior psicólogo que já existiu*. Rio de Janeiro: Sextante, 2005. p. 63.

Avaliar o nosso desempenho ministerial

As empresas fazem seu planejamento estratégico e procedem com avaliação contínua para acompanhar o cumprimento das metas. No final do ano fazem seu balancete para conferir se houve superávit ou prejuízos e quantificar seus lucros e dividendos. As instituições de ensino também fazem seu planejamento e avaliam o desempenho dos professores e o aproveitamento dos alunos. Não deve ser diferente no âmbito ministerial.

Há igrejas que fazem seu programa anual e avaliam os objetivos alcançados e o que precisa ser reformulado para o próximo ano. Mas são poucas as que procedem assim. Nas agências e no campo missionário não tem sido diferente. Bem, esse tipo de avaliação deve ter seus procedimentos para que se tenha um espelho da sua atuação na comunidade cristã e na sociedade.

O que me proponho a refletir é a *avaliação pessoal do desempenho ministerial.* Na hora da oração, precisamos separar um tempo para introspecção e examinar nosso desempenho na missão.

O apóstolo João registra Jesus prestando relatório ao Pai (Jo 17). Essa oração é conhecida por todos como a oração sacerdotal, e na verdade é isso mesmo, mas eu o convido a ter um olhar diferente e perceber que o Senhor Jesus estava dando um relatório ao Pai do seu desempenho ministerial. Ele confessa que revelou o Pai em tudo o que fez. Que falou o que o Pai lhe mandou falar. Amou como o Pai o amou e reproduziu-se na pessoa dos seus discípulos. Confessou que nenhum dos que o Pai lhe dera se perdeu, exceto o filho da perdição. Jesus prestou contas da forma como cumpriu a missão, apresentou resultados e, na cruz, declara com plena consciência, que terminou a obra que o Pai lhe dera a realizar. Por fim, bradou: "Está consumado" (Jo 19.30).

O apóstolo Paulo, ao despedir-se da igreja de Éfeso, fez uma avaliação do seu desempenho. Ele apela para a consciência dos presbíteros, dizendo coisas como: Vocês sabem como me conduzi, como servi, como preguei, como testifiquei, como os adverti durante três anos, como trabalhei para o meu sustento (At 20.17-38). Paulo não apenas confessa que sabe como cumpriu sua missão, mas afirma que eles sabem, e que eles podem confirmar a veracidade da sua avaliação.

Escrevendo aos romanos, Paulo relata o que Cristo fez por seu intermédio e avalia como sua missão alcançou uma grande dimensão — desde Jerusalém até a Europa Oriental ele pregou plenamente o evangelho de Cristo e fez questão de avançar para pregar onde Cristo não era conhecido. Também expôs os princípios que norteavam as suas estratégias missionárias (Rm 15.15-20).

A falta de avaliação do desempenho pode resultar em acomodação, em glória pessoal, em uma visão restrita ao campo de atuação, na falta de percepção das fraquezas da liderança com uma atuação egoísta, paternalista, sem percepção da realidade em que estamos inseridos, sem entendimento das novas realidades e sem oportunidades para aperfeiçoar o nosso ministério.

Avaliar-nos diante do contexto

Principalmente em situações contraditórias diante das diferenças culturais, de usos e costumes próprios de uma região ou de uma comunidade, há extrema necessidade de avaliar o nosso comportamento, a nossa ética e o respeito ao próximo. Para um missionário, a atitude de um nativo pode exigir dele uma postura ética: sua consciência de nada lhe acusa; ou mesmo um líder dentro da sua cultura pode exigir do outro uma atitude que não tem significado para ele (Rm 14.1-4, 12-22; 15.1).

Paulo revela que, nesses contextos, não existe uma regra; cada um deve agir de acordo com a sua consciência, porque não se trata dos absolutos de Deus. Mas cabe ao cristão examinar sua consciência e ser bastante zeloso para não ferir a consciência alheia. Aqui se aplica o mandamento de Cristo: "Tudo quanto, pois, quereis que os homens vos façam, assim fazei-o vós também a eles" (Mt 7.12).

Não basta o exame da nossa consciência, é necessário examinar o contexto numa atitude de submissão e humildade, seguindo a exortação paulina: "Aceitem o que é fraco na fé, sem discutir assuntos controvertidos. Portanto, aceitem-se uns aos outros, da mesma forma como Cristo os aceitou, a fim de que vocês glorifiquem a Deus" (Rm 14.1;15.7). Assim a unidade do Corpo de Cristo não será quebrada.

Quanto à prática do autoexame

Faz parte da nossa humanidade nos desculparmos das nossas fraquezas, colocarmos a culpa no outro ou fazermos comparações com nós mesmos. Certo dia, estávamos em uma "reunião de conserto" — assim a Prof. Lídia Almeida, presidente do Betel Brasileiro, denominava as reuniões de confissão comunitária. Uma colega acusou-me de algo que eu tinha plena consciência de não ter feito.

O PROCESSO DE CONSTRUÇÃO DA ESPIRITUALIDADE

Declarei a minha inocência no caso, mas não valeu. Subi para a sala de oração em prantos, e o Senhor fez-me entender que estava educando a minha consciência para um julgamento acima da verdade comum. Deparei-me com o texto: "quando eles se medem e se comparam consigo mesmos, agem sem entendimento" (2Co 10.12). Naquele momento, entendi que é insensatez fazer de mim o meu padrão e que não deveria agir superficialmente apenas para manter a reputação. O apóstolo Paulo testemunha: "Não para que os outros vejam que temos sido aprovados, mas para que vocês façam o que é certo, embora pareça que tenhamos falhado. Pois nada podemos contra a verdade, mas somente em favor da verdade" (2Co 13.7-8).

O autoexame não deve se ater apenas à preparação para a ceia do Senhor

Deve ser uma prática diária do cristão: não apenas para trazer à consciência os atos do pecado, mas para testar ou provar a autenticidade da fé (2Co 13.5).

O autoexame deve ser feito em oração

É uma comunicação real — começamos a nos ver com os olhos do Senhor (contemplação). Ele é o nosso padrão, o nosso código de ética. "No começo, percebe-se o olhar do Senhor e com ele se examina o dia. Sempre se faz assim, nunca ao contrário".[15]

---

[15] Marko Ivan Rupnik. *O Exame de Consciência*. São Paulo: Paulinas, 2004. p. 53.

O autoexame leva à confissão
e ao arrependimento

É o momento de admitir os pecados morais, as fraquezas, os enganos, as omissões, com profundo constrangimento da alma que chora a falta da qual se arrepende. "O sentimento de culpa destrói; o arrependimento nos leva de volta ao aconchego amoroso do Pai e à experimentação da graça".[16]

O autoexame deve ser feito por causa do amor que deseja agradar o coração do Pai, e não com medo do seu juízo

Se é o amor que determina a nossa relação com Deus, mesmo quando pecarmos, não perderemos a confiança na atuação graciosa do nosso Sumo Sacerdote que nos assiste em nossas fraquezas. Haverá a vergonha pelo pecado causada pelo temor, que nos leva a desejar consertar as coisas para estarmos bem com ele. Quando precisamos da correção, ele nos disciplina, como o Pai faz ao filho que ama (Hb 12.5-7).

AS RELAÇÕES INTERPESSOAIS PARA A CONSTRUÇÃO DA ESPIRITUALIDADE

Deus também trabalha o nosso caráter nas nossas relações com o outro. O Criador nos fez diferentes. As diversidades dos potenciais e as limitações da natureza humana são apreendidas na interação do eu com o outro, quando

---

[16] Ibidem, p. 23.

aceitamos o outro na sua forma peculiar de ser. No outro, nós nos completamos como ser social. A convivência humana, o trabalho em equipe e outras formas de relações são oportunidades de ajustamento social.

O cristianismo nos dá uma fórmula do bem-viver: "Tudo o que fizerem, façam de todo o coração, como para o Senhor, e não para os homens" (Cl 3. 23). John Stott, ao comentar esse texto, expôs dois princípios:

> Primeiro, se sou cristão tenho de aprender a tratar as outras pessoas como se eu fosse Jesus Cristo. Isto é o que significa *fazer tudo em nome do* Senhor Jesus. Fazer tudo em nome de outra pessoa é agir em nome dessa pessoa [...]. O segundo princípio é exatamente o oposto do primeiro. É aprender a tratar as pessoas como se *elas* fossem Jesus Cristo. Esses dois princípios são tão realistas como revolucionários. Isso não é uma tolice idealista. É um conselho prático sobre os relacionamentos pessoais.[17]

A compreensão de Deus e do mundo espiritual nos leva à compreensão do próximo. As variadas formas dos dons da graça divina manifestam-se nos vários tipos de personalidade.

O exercício da fraternidade cristã para ajustar a nossa personalidade com a do outro nos fará compreender as dimensões do amor divino. O amor é uma experiência na comunhão dos santos (Ef 3.18-19). A *largura*, quando amamos a todos indistintamente exercitando a tolerância, chegando até o extremo onde se encontra o último irmão da nossa lista de chamada para nossa relação.

---

[17] John Stott. *Cristianismo autêntico*. São Paulo: Vida, 2001. p. 295-296.

O *comprimento*, quando amamos apesar das circunstâncias da vida, seja nas situações mais adversas, quando somos traídos ou desprezados pelo outro, ou nos tempos de bonança e convívio prazeroso. A *altura*, quando o amor alcança o outro independentemente daquilo que ele é ou faz; amamos apenas pela razão de amar. A *profundidade*, quando exercitamos a solidariedade, sofrendo a dor do irmão, com profunda sinceridade de coração, e não com superficialidade, ou apenas para agradar ou pela consciência de dever. Quanto mais amamos, mais compreendemos, e, quanto mais compreendemos, mais amamos. Porque compreender é ser capaz de perdoar — prática indispensável para o exercício do puro amor.

Deus aproveita as nossas relações para nos levar ao amadurecimento pessoal, em que o nosso eu aprende a ser autêntico para ver no outro o que nos falta e ver em nós mesmos o que pode completar o outro, num exercício de humildade. E, assim, somos ensinados a ser pacientes com o fraco, tolerantes com os ignorantes, humildes com os arrogantes, pacificadores com os iracundos; aprendemos a considerar o outro, preferindo-o em honra, esforçando-nos por fazer o bem a todos.

Focalizar a visão em Deus e olhar para nós mesmos é o caminho para aprender a ver o outro. Sem a interação entre *Deus + eu + o outro*, não existe visão correta da vida. Essa interação torna as relações interpessoais ricas oportunidades para o desenvolvimento da nossa personalidade.

Ao criar a pessoa humana — o indivíduo —, Deus foi maravilhosamente versátil. Não existem dois DNAs ou duas impressões digitais iguais. O divino Criador

O PROCESSO DE CONSTRUÇÃO DA ESPIRITUALIDADE

expressou a grandiosa beleza das suas obras numa imensa diversidade de seres, e características próprias e distintas com variadas capacidades de ações e reações.

Quando refletimos sobre a magnífica obra de Deus, podemos entender seu propósito de estabelecer a família e o grupo social em que o indivíduo processa o mecanismo de dar e receber, agir e interagir.

A igreja, ou qualquer grupo social, deve empreender todo esforço para que haja competência interpessoal na relação entre os seus membros. Sabemos que não é uma tarefa fácil, mas deve ser um compromisso de todo cristão, principalmente daqueles que têm a responsabilidade de formar discípulos e preparar obreiros. Não temos a pretensão de defender um relacionamento perfeito, mas a luta diária para aperfeiçoar a interação humana.

As empresas estão investindo nessa área porque apenas o currículo profissional não garante produtividade. O resultado do trabalho está sendo medido pela qualidade e eficácia das relações interpessoais, da habilidade de resolver conflitos. "Competência interpessoal é a habilidade de lidar eficazmente com relações interpessoais, de lidar com as pessoas de forma adequada às necessidades de cada uma e às exigências da situação".[18]

A pesquisa da Aliança Evangélica Mundial, já mencionada, apontou a volta antecipada de 7,4 % de missionários por causa da dificuldade de trabalhar em equipe. A permanência no campo requer mais do que saber teologia,

---

[18] M. Margarida Shiozawa. "Apostila de Relações Humanas". Seminário do Betel Brasileiro em Goiânia (GO), fevereiro de 1997.

antropologia cultural e ter feito um bom treinamento transcultural. É necessário saber lidar com o outro. Certa vez, perguntei a uma missionária:

— Como você resume a vida missionária?

Ela me respondeu:

— Relacionamentos. Relacionar-se bem com o colega e com o povo é o segredo do sucesso missionário.

Da mesma forma acontece dentro da igreja, nas relações das lideranças com os liderados.

Há alguns componentes imprescindíveis na competência interpessoal, e para cada um deles indicaremos uma virtude cristã capaz de levá-lo à sua prática.

1. A percepção do outro como ele é

Temos muita facilidade de julgar o outro pela aparência ou pela primeira impressão que temos dele. É bom conhecer a história de vida do outro, conhecer seus valores e suas vulnerabilidades, para entender as razões de seu comportamento. Buscar o autoconhecimento e a autoaceitação é premissa e uma atitude certeira para conhecer o outro.

A virtude é o amor

É o amor que cresce em conhecimento e percepção, conforme Filipenses 1.9. É o tipo de amor cognitivo, empático, que nos faz compreender emocionalmente e nos dá capacidade de projetar no outro a nossa personalidade pela compreensão do coração do outro. Esse amor facilita o relacionamento.

2. Compreender as diferenças individuais

A compreensão é fruto da percepção. Se percebermos o outro na originalidade do seu ser, em suas idiossincrasias, no seu contexto, será mais fácil desenvolver nossa capacidade de compreensão. A compreensão é motivada pela consciência da nossa humanidade. Quem é forte para manter-se de pé? Quem não é traído pela própria cobiça? Quem não se surpreende com sentimentos mesquinhos? Quem é capaz de manter-se fiel? Quem pode defender valores éticos e morais diante da consciência alterada pela ambiguidade das reações? "Miserável homem que sou!", exclamou Paulo (Rm 7.24).

Compreender o outro é tentar compreender a natureza humana. Se somos conscientes de que essa é a nossa realidade, nunca estenderemos o braço para apedrejar o outro que caiu em pecado, ou o irmão que revela com mais facilidade as suas fraquezas, ou aquele que na impulsividade natural parece menos espiritual que nós.

A virtude cristã indispensável nas nossas relações com o outro é o espírito de perdão

Sem o exercício do perdão, não há comunhão, e a interação é bloqueada. A frase de um autor desconhecido, que muito me impacta, está sempre diante de mim: "Compreender é tudo perdoar", porque a compreensão motiva o perdão.

O Senhor Jesus, ensinando seus discípulos a orar, condicionou o perdão divino ao ato de perdoar o outro. Sabedor da nossa fraqueza e da nossa tendência em falhar, não poupou a quantidade ou a dosagem dessa fórmula curadora para o relacionamento humano. Pedro perguntou se até sete vezes deveria perdoar o irmão. "Respondeu-lhe Jesus: Não te digo que até sete vezes, mas até setenta vezes sete" (Mt 18.21-22).

A importância que o Mestre da vida atribui ao relacionamento com os irmãos é tremenda! Ele ensinou que não devemos prosseguir com a liturgia se, diante do altar, nos lembrarmos de que um irmão tem alguma coisa contra nós. "Deixa perante o altar a tua oferta, vai primeiro reconciliar-te com teu irmão" (Mt 5.24). Mas o perdão requer também confissão comunitária, quando falhamos contra a comunidade. Tiago ensina: "Confessai, pois, os vossos pecados uns aos outros [...] para serdes curados" (Tg 5.16). A confissão requer coragem; coragem para dizer: "Eu falhei com você, eu não disse toda a verdade". A coragem vence o temor e produz a paz que não tem preço. "Alguém desenvolve coragem quando encara os temores que o afligem."[19]

O apóstolo Paulo ensina que o perdão também é uma arma poderosa na batalha espiritual. "A quem perdoais alguma coisa, também eu perdoo [...] para que Satanás não alcance vantagem sobre nós, pois não lhe ignoramos os desígnios" (2Co 2.10,11). A falta de perdão abre espaço para Satanás produzir todo tipo de males e manter a pessoa cativa.

O nosso opositor tenta camuflar uma situação na qual o outro aparece em cena para deixar-nos enganados e travar a nossa relação. Devemos estar atentos para discernir

---

[19]   Bill Hybels. *Quem é você quando ninguém está olhando?* Belo Horizonte: Betânia, 2000. p. 21.

O PROCESSO DE CONSTRUÇÃO DA ESPIRITUALIDADE

as astutas ciladas do diabo e nunca reter o perdão, a fim de que haja saúde comunitária e Satanás seja identificado e vencido. Assim, poderemos dizer como Jesus: "Aí vem o príncipe do mundo; e ele nada tem em mim" (Jo 14.30). O discípulo de Jesus deve ter a mesma consciência de que, em sua vida, o maligno não lhe toca (1Jo 5.18).

3. Entender a necessidade de complementaridade

A personalidade humana é constituída de valores e virtudes, dons e talentos, mas ninguém tem todos os dons; ninguém se basta a si mesmo. Cada um de nós precisa do outro para interagir, para exercer a profissão, para cumprir a sua missão no mundo. A figura da igreja do Senhor Jesus é um corpo em que cada membro tem uma função e precisa do outro para o desenvolvimento de cada parte.

A diversidade dos dons e a administração da graça divina se exercitam no serviço mútuo. "Precisamos ser autênticos para afirmar o que temos e ser humildes na mesma proporção, para ver no outro o que não temos. Essa constatação deve ir mais além, ou seja: O que não temos, não temos porque faltou vontade divina de nos dotar, mas porque é da vontade divina que recebamos dele por meio do outro a quem ele dotou."[20] O apóstolo Pedro nos instrui, dizendo: "Servi uns aos outros, cada um conforme o dom que recebeu, como bons despenseiros da multiforme graça de Deus" (1Pe 4.10).

---

[20] Durvalina Bezerra. *A missão de interceder*. João Pessoa: Betel Publicações e Viçosa: Ultimato, 2ª ed. 2013. p. 48.

Para que haja complementaridade, é necessário ajustar-se um ao outro. Pedro, quando fala da construção da casa espiritual, declara que somos pedras vivas. Paulo, usando a mesma metáfora para a igreja, fala do edifício que cresce bem-ajustado. Na construção antiga, as pedras eram cortadas para se ajustarem umas às outras, a fim de formar o edifício. Sendo assim, só há um meio de a casa espiritual ser bem-ajustada — quando nos dispomos à lapidação. Se não estamos bem ajustados no corpo, mesmo estando juntos no mesmo corpo, devemos nos submeter ao tratamento do divino construtor, para que haja ajuste e o edifício cresça para a habitação de Deus no Espírito (1Pe 2.5; Ef 2.21-22).

É muito comum, no contexto brasileiro, as pessoas, por qualquer motivo, mudarem de igreja ou de missão. Os líderes que recebem os desgostosos nem sempre se encontram atentos para o fato de que essas pessoas estão levando seus problemas consigo. Não podemos colocar a culpa no outro ou no sistema sem antes avaliarmos com prudência a situação. Se algo está errado, entreguemos ao Senhor da obra; ele não nos constituiu juízes, porque só ele é justo Juiz. Se há alguma injustiça contra nós, esperemos para ver a intervenção divina. Com certeza Deus está permitindo algo para o nosso amadurecimento.

A virtude indispensável neste caso é a humildade

"Os grandes santos da igreja disseram muitas vezes que sem humildade nenhuma outra virtude cristã é possível".[21]

---

[21] Gerald McDermott. *O Deus visível: Doze sinais da verdadeira espiritualidade*. São Paulo: Vida Nova, 1997. p. 163.

O PROCESSO DE CONSTRUÇÃO DA ESPIRITUALIDADE

Só o humilde é capaz de reconhecer que o outro tem capacidade e dons para oferecer-lhe e se dispõe a aceitar que precisa do outro. Ser humilde para receber e humilde para dar; humilde para dividir o que tem e compartilhar a vida sem intencionar receber nada em troca. A estrutura da nossa natureza caída reluta em ser humilde porque sempre estamos querendo exercer poder sobre os outros. Bem acentuou Henri Nouwen:

> Apesar das minhas melhores intenções, continuamente me descubro empenhado em adquirir poder. Quando dou conselho, quero saber se está sendo seguido; quando ofereço ajuda, quero que me agradeçam; quando faço algo de bom, desejo ser lembrado. Posso não ganhar uma estátua, ou mesmo uma placa comemorativa, mas estou constantemente preocupado em não ser esquecido.[22]

A pessoa realmente humilde não faz exigências, tampouco aspira a uma posição de autoridade. Mas, quando Deus a põe em liderança, está sempre atenta ao perigo do orgulho espiritual. "A pessoa que tem orgulho espiritual admira sua própria espiritualidade, porém santos humildes são humildes de espírito."[23] O Senhor Jesus, sendo Mestre e Senhor, lavou os pés dos seus discípulos. Nós, seus seguidores, não teremos parte com ele se não nos vestirmos com a toalha da humildade e lavarmos os pés dos nossos colegas de ministério e daqueles irmãos mais simples. Que não seja necessária a humilhação pública, mas

---

[22] Henri Nouwen. *A volta do filho pródigo*. São Paulo: Edição S. Paulo, 2001. p. 139.

[23] McDermott, p. 158.

que Deus nos humilhe, para aprendermos a humildade. "Humilhai-vos, portanto, sob a poderosa mão de Deus, para que ele, em tempo oportuno, vos exalte" (1Pe 5.6).

4. Devemos atentar para o tempo de adaptação

As relações interpessoais precisam de tempo para adaptação da nossa forma de ser para a forma de ser do outro, e vice-versa. É como o casamento: os primeiros meses são mais difíceis porque o casal está tentando definir os limites e os direitos de ambas as partes. Se não utilizarmos o tempo para verificar o espaço do outro e traçar as linhas de acordo com os princípios estabelecidos para a interação, com respeito mútuo, um e outro construindo a zona de conforto e determinando a zona de tolerância, haverá sempre discórdias e não haverá condições de convivência mútua.

Somos seguidores do divino Mestre, e o poder do Espírito Santo está à nossa disposição. Não há ninguém que não possa ser transformado pelo seu poder. "O grande Mestre foi um escultor da personalidade. Tinha prazer em dialogar com pessoas que não tinham valor. Via uma obra de arte dentro do bloco de mármore da alma humana, tinha atenção especial com as pessoas complicadas, com os errantes".[24]

Frequentemente temos visto missionários ou missionárias morando sozinhos porque não conseguem conviver com o outro. Mas quanta riqueza de sentimentos e valores está sendo desperdiçada pelo fato de não aceitarmos

---

[24] Augusto Cury. *12 Semanas para mudar uma vida*. Rio de Janeiro: Academia de Inteligência, 2004. p. 65.

O PROCESSO DE CONSTRUÇÃO DA ESPIRITUALIDADE

o desafio de repartir a moradia? Principalmente quando o missionário ou a missionária está em outro país ou vivendo em outra cultura, há prejuízos financeiros e até morais. A história já nos contou até caso de estupro de missionária brasileira em país africano.

Estive conversando com uma missionária de base, em São Paulo, e ela dizia com profunda dor no coração: "Divido um quarto com uma colega e, por coisas tão simples, ela se fechou e não existe entre nós a mínima comunicação".

Como falar do amor de Deus para um pecador se não somos capazes de exercitá-lo com um colega de ministério? Por que não há disposição de aprender com o outro e desenvolver a tolerância no amor cristão? O cristianismo que não é capaz de transformar a minha intolerância não deve ser proclamado por mim como uma boa-nova!

A virtude cristã indispensável é o espírito de servo

Se agimos como servos do outro, cientes de que servimos a Deus quando servimos os irmãos, teremos menor dificuldade para os ajustes. O espírito de servo quebra as barreiras e constrói pontes nas relações interpessoais, contrariando o egoísmo, esse mal pernicioso que bloqueia a interação humana. Para isso, devemos nos lembrar da exortação paulina: "Tudo quanto fizerdes, fazei-o de todo o coração, como para o Senhor e não para homens, cientes de que recebereis do Senhor a recompensa da herança. A Cristo, o Senhor, é que estais servindo" (Cl 3.23-24).

A espiritualidade nos ensina que não há distinção entre o sagrado e o secular. Preparar uma refeição é tão sagrado quanto preparar um sermão. Atender ao enfermo é tão virtuoso quanto comemorar o aniversário do colega; a prontidão para o serviço quebranta o coração do outro.

5. Comunicação clara e aberta

A comunicação humana é complexa. "Ela ocorre permanentemente entre as pessoas sob forma de comportamentos manifestos e não manifestos, verbais e não verbais, pensamentos, sentimentos, reações mentais ou físico-corporais. Mesmo quando alguém vira as costas ou fica em silêncio, alguma mensagem está sendo dada".[25]

Para uma boa comunicação, é necessário cultivar sentimentos positivos de empatia, respeito e amizade que provoquem maior aproximação. Em contrapartida, não devemos admitir sentimentos negativos de antipatia e rejeição, pois eles desfavorecerão a comunicação. Nas relações humanas nós nos deparamos com pessoas simpáticas na primeira impressão e com pessoas que provocam impacto negativo. Como vencer essas reações?

> A primeira impressão está condicionada a um conjunto de fatores psicológicos da experiência anterior de cada pessoa, suas expectativas e motivação no momento e a própria situação do encontro. Não há processos unilaterais na interação humana. Tudo que acontece no relacionamento interpessoal decorre de duas fontes: eu e o outro.[26]

No processo de comunicação, a Professora Margarida Mota Shiozawa apresenta duas maneiras de lidar com as diferenças individuais:

---

[25] Shiozawa, p. 2.
[26] Ibidem, p. 3.

Quando as diferenças são aceitas. A comunicação flui fácil, em dupla direção. As pessoas têm possibilidade de dar e receber feedback. O relacionamento interpessoal torna-se harmonioso e cooperativo.

Quando as diferenças são negadas. A comunicação torna-se falha, insuficiente, com barreiras e distorções. As pessoas não falam o que gostariam, nem escutam as outras. O relacionamento interpessoal torna-se tenso e conflitivo.

É necessário aprender a lidar com as reações negativas e "aprender a proteger nossas emoções quando ofendidos, agredidos, pressionados, coagidos e rejeitados, caso contrário a emoção sempre abortará a razão."[27]

Para termos sucesso nos nossos relacionamentos, é imprescindível que busquemos o diálogo; mesmo que no início pareça forçado, ele é valioso, pois é um ponto de partida para a construção de uma relação amistosa. É importante também a capacidade de escutar o outro. "Escutar implica dar ao outro um contexto em que possa ser compreendido. Significa entrar no mundo 'do outro', o que pode exigir muita paciência, empatia, congruência e até mesmo coragem, além de autenticidade e sabedoria".[28]

O exercício da piedade é a virtude que precisamos desenvolver

O apóstolo Paulo diz ao jovem Timóteo: "Exercita-te, pessoalmente, na piedade. Pois o exercício físico para

---

[27] Augusto Cury. *A análise da inteligência de Cristo.* Rio de Janeiro: Academia de Inteligência, 2001. p. 105.

[28] Houston, p. 141-142.

pouco é proveitoso, mas a piedade para tudo é proveitosa" (1Tm 4.7-8). Não devemos esperar pela reação do outro; devemos tomar iniciativa pela força do poder de Deus. Entendemos que não é fácil, mas somos chamados para o exercício espiritual. Exercitar os músculos da alma. Assim como o exercício físico requer esforço e nós o praticamos para mantermo-nos sadios, o exercício espiritual também requer esforço para a saúde espiritual. Lembremos que não devemos impedir a ação do Espírito Santo em nós.

Esses cinco componentes seguidos de cinco virtudes e atitudes nos oferecem um caminho de graça para as relações humanas, tendo como ponto fundamental a unidade; no secundário, a liberdade; e, acima de tudo, o amor.

A relação interpessoal no exercício ministerial nos é apresentada em três níveis, como exemplificada na relação de Paulo com Epafrodito, descrita em Filipenses 2.25.

RELAÇÃO

Relação fraterna

Paulo diz: "Meu irmão". A cruz nos faz família. Jesus, com a sua morte, quebrou a parede de separação. Não há mais distinção de raça, cor, gênero, status social. Há um só Pai de todos. O Pai não é meu, é nosso! Cristo, o primogênito, é o nosso irmão mais velho, que se doou na vida e na morte para que a irmandade cristã fosse vivida na unidade da Trindade — "Eu neles, e tu em mim, a fim de que sejam aperfeiçoados na unidade, para que o mundo conheça

O PROCESSO DE CONSTRUÇÃO DA ESPIRITUALIDADE

que tu me enviaste" (Jo 17.23). Somos chamados a gozar da fraternidade cristã.

A Igreja Primitiva vivia essa comunhão com tanta intensidade, que "da multidão dos que creram era um o coração e a alma. Ninguém considerava exclusivamente sua nem uma das coisas que possuía; tudo, porém, lhes era comum" (At 4.32).

Relação participativa

"Cooperador." Um colega de ofício, aquele que labuta com o mesmo ideal, compartilha o mesmo sonho, tem o mesmo propósito de vida. Propõe-se a ajudar o outro porque tem a mesma visão e está se doando pela mesma missão. Coopera independentemente da denominação ou da estrutura eclesiástica ou missionária, porque reverte para Deus tudo que faz.

Paulo enumera vários colaboradores no seu ministério no capítulo 16 de Romanos, homens e mulheres que participaram com ele no anúncio do evangelho, na plantação e edificação de igrejas.

Relação corporativa

"Companheiro de lutas." É aquele que está no combate. "Companheiro de armas [...] desenvolve a ideia de estar alguém em conflito espiritual contra as trevas e o mal, correndo o risco de perder a vida."[29]

---

[29] R. N. Champlin. *O Novo Testamento interpretado versículo por versículo*. São Paulo: Candeia, 1980, v. 5. p. 40.

Como seria mais fácil reverter situações desfavoráveis, enfrentar perigos e dificuldades no campo se tivéssemos companheiros de luta! Paulo se refere a Priscila e Áquila, atribuindo-lhes esse nível de companheirismo: "meus cooperadores em Cristo Jesus, os quais pela minha vida arriscaram a sua própria cabeça" (Rm 16.3-4). O obreiro que está no campo de batalha precisa de companheirismo, de pessoas que estejam dispostas a se colocar como escudo para proteger o colega e juntos não hesitar em doar a vida pela causa que defendem.

Há momentos em que o desânimo nos abate, as pressões nos fazem desejar desistir, como acontece com pastores e missionários. Foi o que experimentou David Brainerd, segundo Ruth Tucker:

> A doença e a depressão continuaram perseguindo Brainerd. Suas grandes esperanças de reavivamento entre os índios haviam há muito diminuído, ele considerava seu ano naquela região como pura perda. Sentia-se cheio de culpa por acreditar que nada fizera em troca de seu custeio e estava tentado a desistir.[30]

Em crises assim, o missionário ou o pastor precisa de alguém para o fortalecer. Alguém que o reanime e encoraje a ponto de ele poder declarar como Paulo: "Eles têm sido uma fonte de ânimo para mim" (Cl 4.11).

Só as intervenções do Espírito Santo em nossa vida nos habilitam para esses níveis de relacionamento saudável, amigo, encorajador, de cumplicidade e parceria ministerial.

---

[30] Tucker, p. 97.

OS TESTES NA DIDÁTICA DO MESTRE SÃO MÉTODOS PARA CONSTRUÇÃO DA ESPIRITUALIDADE

Quando afirmamos que o Senhor nos chamou para a comunicação do evangelho, seja pela proclamação, pelo ensino, pelas variadas manifestações da sua graça, por atos de misericórdia, ou seja qual for o tipo de ministério, devemos estar conscientes de que ele não nos confia essa sublime missão sem primeiro nos provar. O apóstolo Paulo declara: "Pelo contrário, visto que fomos aprovados por Deus, a ponto de nos confiar ele o evangelho, assim falamos, não para que agrademos a homens, e sim a Deus, que prova o nosso coração" (1Ts 2.4).

O sentido da palavra "aprovar", no original, é: "submeter a um teste, examinar". O termo era usado para averiguar a autenticidade de metais, verificando se eram verdadeiros ou falsos. Essa aprovação relacionada a metais foi usada por Paulo como uma figura de linguagem, indicando que os obreiros são aprovados mediante testes. A aprovação divina era da vida do mensageiro. e não da mensagem pregada com retórica ou persuasão humana. Era a aprovação do caráter e da verdade das palavras, não da estrutura da obra. Paulo, então, declara que fora testado e aprovado por Deus.

Cabe a nós procurar entender e aceitar os métodos que o Senhor utiliza para nos testar, e buscar a aprovação dele para o cumprimento da nossa missão e ministério. Ele permite as provações porque "As adversidades revelam melhor a medida da virtude que cada um tem, pois tais ocasiões não tornam o homem frágil, mas põem à descoberta a espécie de homem que ele é".[31]

O Senhor põe seus servos à prova. São os testes de qualidade para forjar o caráter cristão e expressar suas virtudes e valores na fragilidade humana. É o tesouro no vaso de barro, na linguagem paulina, para que a expressão seja legítima, isto é, esteja além da insuficiência humana. O divino Mestre leva seu discípulo à casa do oleiro, na figura de Jeremias, para que o vaso seja quebrado em suas próprias mãos e refeito com os traços que delineiam seu perfil, sendo identificado com a sua forma gloriosa.

Ele prova seus filhos, e aquele que é chamado para exercer liderança tem um trato especial devido ao compromisso público de ser exemplo. Não é justo exigir de alguém aquilo que não praticamos. Como também é contestável ajudar e ensinar as pessoas a viver as verdades divinas se estas não foram experimentadas em nossa dinâmica cristã. Robert Clinton afirma:

> Como líder, você precisa reconhecer que Deus está desenvolvendo-o continuamente durante toda a vida. A principal prioridade dele é assemelhá-lo à imagem de Cristo para que tenha um ministério de autoridade espiritual. Frutos que permanecem e crescem mais do que a pessoa é. Além de transformar seu caráter, Deus aumentará sua capacidade de influenciar outros desenvolvendo seus dons espirituais.[32]

---

[31] Thomas à Kempis. *Imitação de Cristo*. São Paulo: Shedd Publicações, 2001. p. 36.

[32] Robert Clinton. *Etapas na vida de um líder*. Londrina: Descoberta, 2000. p. 59.

O PROCESSO DE CONSTRUÇÃO DA ESPIRITUALIDADE

Nenhum líder deve se colocar à frente de um discípulo ou de seu rebanho se primeiro não foi qualificado por seu Senhor. Mas o que significa ser testado por Deus? Daremos algumas definições sobre provação como sendo um dos testes na didática do Mestre.

Provação é quando Deus esconde o rosto, sem deixar de estar presente

Há coisa pior que sentir Deus distante? Não encontrar Deus em nossa devoção? Não sentir sua presença no recôndito da nossa alma. Jó perguntou: "Por que escondes o rosto?" (Jó 13.24). É quando Deus nos deixa sozinhos, a sós com nós mesmos, e, assim, nos sentimos inseguros, sem tranquilidade interior. Aí vem o clamor: Senhor, não me deixe à mercê de mim mesmo!

Sozinhos, experimentamos as deficiências da natureza humana, o quanto ela se perde em si mesma, nas suas incoerências, e o quanto ela é imprópria para o cumprimento da missão.

Provação é quando Deus fica em silêncio

Queremos ouvir a voz de Deus respondendo às nossas indagações e atestando que está atento às nossas petições. Mesmo que seja para notificar a transgressão ou o pecado, queremos ouvir a voz do Senhor. Quando clamamos e não temos respostas, ficamos inquietos. Se fosse pecado a causa do silêncio, Deus falaria, notificaria a transgressão para que houvesse arrependimento, pois, como justo Juiz, ele nunca irá silenciar-se acerca do pecado. Mas, se é provação, ele fica em silêncio. Precisamos entender a voz silenciosa de Deus. Se ele não fala, é porque quer provar até onde a nossa convicção é firme; ele quer ver se a nossa sensibilidade é capaz de perceber o seu agir dentro de outra realidade que não seja a nossa. Até que ponto temos consciência de que estamos servindo ao Senhor, e não nos satisfazendo a nós mesmos ou à instituição com a qual estamos engajados?

Provação é clamar e não ser ouvido, porque o Senhor está testando a nossa persistência em segui-lo, enquanto estamos provando a nossa confiança nele, apesar de não termos respostas. Assim Jesus fez com aquela mulher cananeia que vinha clamando. "Ele, porém, não lhe respondeu palavra." Ela continuou clamando até que foi aprovada no teste, e ele a atendeu (Mt 15.21-28).

Provação é quando Deus nos faz sofrer a injustiça sem deixar de ser justo

Nada acontece por acaso na vida do servo de Deus, porque nada do que acontece em nossa vida está fora do controle dele. Nada acontece sem o seu consentimento. Deus é justo, nós é que não divisamos a sua justiça. Eu estava enfrentando um momento muito duro em minha vida ministerial. Então falei com o Senhor em oração: "Não posso ver a tua justiça nesse caso!" O Senhor me interpelou de forma tão profunda e constrangedora, que até hoje, quando me lembro desse fato, meu coração se estremece e minhas emoções se agitam. Ele me falou: "Se você estivesse diante do Calvário como estava Maria, poderia ver a minha justiça?". Calei-me, profundamente consternada. Se todas

O PROCESSO DE CONSTRUÇÃO DA ESPIRITUALIDADE

as coisas cooperam para o bem, certamente há propósitos divinos nas provações, mesmo quando falta a justiça humana e temos dificuldade de ver a mão divina na situação.

É duro quando esperamos a recompensa dos nossos atos e os males é que nos sobrevêm. É duro ouvir as acusações dos amigos, como no exemplo de Jó, sem que estes tenham provas para certificar o que dizem, mesmo usando belas palavras e profundas verdades para tentar encontrar as razões para o sofrimento. É um teste de integridade, e Deus está interessado em nos fazer saber a medida da consistência da nossa relação com ele e quanto tempo iremos esperar com paciência a manifestação da sua justiça.

Não é suficiente ensinar que Deus é justo; é necessário provar a justiça e, para isso, somos submetidos aos testes.

Entendemos, diante dessas afirmações, que provação difere de tentação. Tentação é originada por Satanás ou pela própria inclinação da natureza pecaminosa para nos fazer cair. A tentação pode nos deixar oprimidos pelas influências dos sistemas ou pelas consequências de nossas próprias falhas e incoerências. A provação é a forma de Deus nos tratar e nos conduzir à maturidade. A Palavra exorta que devemos ter por motivo de alegria passar por várias provações, porque estas produzem perseverança e têm como alvo nos deixar sem nenhuma deficiência (Tg 1.2-4). Vida deficiente é morbidez e não combina com a vida de um vocacionado. Para enfrentarmos as provações, devemos administrar os pensamentos nos focos de tensão, em oração de quebrantamento, para expandirmos a compreensão dos propósitos divinos e sermos aprovados como "obreiro que não tem do que se envergonhar".

O teste de submissão e autonegação exigidas por Jesus

"Assim, pois, todo aquele que dentre vós não renuncia a tudo quanto tem não pode ser meu discípulo" (Lc 14.33). Renunciar coisas, bens materiais, poder, status, o aconchego do lar, não é fácil, mas Jesus chama seus discípulos para renunciar a si mesmos, negar os próprios direitos, valores, sonhos e projetos de vida. É um plano superior de superação. Ele nos ensinou que a verdadeira vida só é vivida em plenitude quando o nosso "eu" perde a força de decisão e o poder de Deus nos domina.

A missionária canadense Ernestine Horne, fundadora do Instituto Bíblico Betel, estava em sua igreja quando ouviu o desafio sobre a evangelização da América do Sul. Ao chegar em casa, deparou-se com esse texto acima citado e disse ao Senhor: "Se eu não posso ser tua discípula, não quero viver". Então, o Senhor falou-lhe ao coração: "Você se entrega a mim? Eu lhe dou a América do Sul. Em cinco anos você estará lá". A missionária Ernestine ancorou no porto de Recife, no nordeste do Brasil, cinco anos depois. Ela deu sua vida na evangelização e no preparo de jovens para o cumprimento da missão a partir da Paraíba para outras partes do mundo.

"A autonegação é simplesmente uma forma de vir a entender que não temos de fazer a nossa própria vontade."[33] Assim, nos submetemos a Deus, reconhecendo sua soberania. Submissão diz respeito também à nossa atitude para com as pessoas, principalmente aquelas que estão nos liderando. Compreender submissão como

---

[33] Richard Foster. *Celebração da Disciplina*. São Paulo: Vida, 1988. p. 139.

O PROCESSO DE CONSTRUÇÃO DA ESPIRITUALIDADE

estar debaixo da missão não depõe contra o caráter de ninguém; pelo contrário, nos valoriza, porque podemos gozar da liberdade de ser e agir em direção ao outro. "Na submissão estamos, afinal, livres para valorizar outras pessoas. Seus sonhos e planos tornam-se importantes para nós. Entramos numa nova e gloriosa liberdade — a liberdade de abrir mão dos nossos próprios direitos para o bem do próximo. Pela primeira vez podemos amar as pessoas incondicionalmente".[34]

A autonegação não se traduz como um sacrifício. Nunca devemos trabalhar para o Senhor como se fosse um grande sacrifício; enfrentar o ministério como um grande peso, achando que estamos fazendo muito para Deus ou como se ele estivesse exigindo muito de nós. David Livingston, pioneiro na África (1840) quando esta era chamada de o "cemitério do homem branco", declarou:

> As pessoas falam do sacrifício que fiz, passando tanto da minha vida na África. É sacrifício o que traz uma recompensa, ricamente abençoada, de atividade saudável, consciência de estar fazendo o bem, paz interior e uma grandiosa esperança de um destino glorioso depois? Rejeitemos esse conceito, digo com ênfase que não é sacrifício. [...] Jamais fiz um sacrifício.[35]

Renunciar por amor a Deus e submeter-nos são atitudes que configuram sempre a maneira mais segura de vivermos, portanto precisam ser aprendidas de forma irrestrita. Mas podemos indagar: A submissão combina

---

[34] Ibidem, p. 138.
[35] John Piper. *Teologia da Alegria*. São Paulo: Shedd Publicações, 2001. p. 204.

com a liberdade? Deus não nos fez seres livres? Como poderemos, então, conjugar a submissão com liberdade cristã? Diante desse aparente conflito Martinho Lutero chega à seguinte conclusão: "O cristão é o mais livre de todos os senhores, e não está sujeito a ninguém; o cristão é o mais submisso de todos os servos, e está sujeito a todo o mundo".[36] Aqui está o equilíbrio da espiritualidade: ser livre e ser submisso. Nossa liberdade está na submissão a Deus e no limite do direito do outro. "Portanto, tudo o que vós quereis que os homens vos façam, fazei-lho também vós a eles; porque esta é a lei e os profetas" (Mt 7.12).

A submissão não é subserviência nem combina com autoritarismo. O divino Mestre tem uma didática própria. Ele nos conduz à percepção da paternidade como premissa da relação. Se o soberano tem a face de Pai, sua autoridade combina com paternidade e traz segurança e firmeza. Submetendo-se ao Pai amoroso e cuidadoso que, no seu programa eterno, estabeleceu tudo na dinâmica do amor e da realização plena, não é difícil inclinar a alma e exclamar como Maria: "Aqui está a serva do Senhor; que se cumpra em mim, conforme a tua palavra" (Lc 1.38). Se amamos a Deus, somos impulsionados a fazer a sua vontade, porque a submissão à vontade de Deus é movida pela força do amor.

O teste da obediência à vontade divina

Outro componente da didática do Mestre é o teste de obediência a que ele nos submete. Em toda Escritura

---

[36] Foster, p. 135.

O PROCESSO DE CONSTRUÇÃO DA ESPIRITUALIDADE

veterotestamentária encontramos o Senhor Deus reque-
rendo uma atitude de obediência do seu povo. Sempre
que dá a ordem de cumprir os seus estatutos, mostra os
benefícios que essa atitude traz. "Ouve, pois, ó Israel, e
atenta em os cumprires, para que bem te suceda" (Dt 6.3).
A vida cristã passa por esse princípio, somos: chamados
a obedecer. Jesus foi testado na sua obediência: "Embora
sendo Filho, aprendeu a obediência pelas coisas que sofreu" (Hb 5.8); "Foi obediente até a morte e morte de cruz"
(Fp 2.8). Se o Pai provou o Filho que em tudo lhe agrada-
va, ele não nos levará pelo caminho do teste da obediência, para cumprirmos plenamente os seus propósitos?

> O perigo consiste em obedecermos aos mandamentos de
> Deus em geral. Precisamos obedecer em detalhes. "Fazei
> tudo o que ele vos disser" nos mínimos detalhes. De nada
> adianta expressar que está pronto para a plenitude da vida
> cristã e, então, desconsiderar os detalhes ou nem mesmo
> preocupar-se em conhecê-los.[37]

Deus testa a disposição de querermos cumprir a sua
vontade à risca. Para isso, muitas vezes se faz necessário
abrir mão dos projetos que levamos para o campo e das
nossas boas intenções de realizar o que sonhamos fazer.
Primeiro é necessário dobrar o querer, dispor o coração
não apenas para o plano geral, mas para o específico. Por
exemplo: cumprir a vocação pastoral ou missionária é um
plano geral. Mas que modelo de ministério o Senhor nos

---

[37] Martyn Lloyd-Jones. *O segredo da bênção espiritual*. São Paulo: Textus e
Editora dos Clássicos, 2002. p. 50-51.

chama a realizar? Com que tipo de povo trabalhar? Como desenvolver os dons para o serviço?

Deus testa a nossa sinceridade em buscar compreender e cumprir a sua vontade. Quantas vezes confessamos que queremos a vontade de Deus, mas temos o coração dividido com os nossos ideais, cheio de temores. A sinceridade leva à compreensão e à experimentação. Podemos não ter todos os detalhes do plano divino, pois a caminhada é longa, mas, se formos sinceros com Deus, ele nos conduzirá dentro dos detalhes que fazem parte do plano. "Bem sei, meu Deus, que tu provas os corações e que da sinceridade te agradas". (1Cr 29.17).

Para sermos aprovados nesse teste, devemos concentrar toda a nossa atenção no cumprimento da vontade divina; segui-la e persegui-la com dedicação total até o fim!

Vejamos o que nos ensina o grande evangelista do século 18 D. L. Moody. Ao ouvir uma mensagem em que Henry Varley afirmava: "O mundo ainda há de ver o que Deus pode fazer com, para e por meio de um homem que seja inteiramente consagrado a ele", Moody refletiu:

> [...] ele disse "um homem". Ele não disse grande homem, nem sábio, nem rico, nem eloquente, nem inteligente, mas, simplesmente, "um homem". Eu sou homem, e cabe ao homem decidir se deseja ou não se consagrar, inteira e completamente. Estou resolvido a fazer todo o possível para ser esse homem.
>
> A primeira coisa que o homem precisa fazer, caso deseje ser usado na obra do Senhor, é render-se incondicionalmente a ele. Precisa consagrar-se e, em seguida, concentrar-se. Pois o homem que não concentra toda a sua vida num único

O PROCESSO DE CONSTRUÇÃO DA ESPIRITUALIDADE

objetivo é pouco confiável; e o que não se empenha de corpo e alma no seu trabalho pouco valor tem.[38] Que extraordinária obra Deus realizou por meio de Moody!

O teste da fé: descansar na fidelidade de Deus

A sujeição à vontade de Deus requer manter firme uma expectativa de fé quanto ao amanhã. Jesus disse: "Não andeis ansiosos pela vossa vida [...] não vos inquieteis com o dia de amanhã" (Mt 6.25,34). A vida cristã é uma vida de fé; Deus nos chama a descansar em sua fidelidade. Mas o Senhor permite a escassez para provar a nossa fé e testar a motivação para o ministério; ele quer ver se estamos buscando alguma vantagem pessoal. Quando o jovem disse para Jesus que o seguiria por onde quer que ele fosse, Jesus percebeu a motivação e respondeu: "As raposas têm covis, e as aves dos céus, ninho; mas o Filho do Homem não tem onde reclinar a cabeça (Lc 9.58). Ele ensina total desprendimento! Paulo declara: "Aprendi a viver contente em toda e qualquer situação" (Fp 4.11). O segredo da satisfação é aprendido quando não dependemos de ninguém e de circunstância alguma. Saber ter fartura e saber ter escassez sem sofrer as tensões da realidade presente é ser capaz de prosseguir na jornada, esperando as provisões do céu.

Ao se entregar à vocação missionária, o obreiro deixa os familiares, a vida profissional, o próprio povo, e segue para um campo desconhecido. Seu projeto de vida estará

---

[38] Steve Miller. *Liderança espiritual segundo Moody*. São Paulo: Vida, 2004. p. 20-21.

atrelado ao programa da igreja e de uma agência enviadora. O sustento financeiro dependerá da oferta voluntária dos mantenedores.

A vocação tem um preço! Um pastor pode estar estabelecido em uma igreja, com um bom salário, e em seguida ser dispensado sem nenhuma outra perspectiva financeira. Mas o que chama se responsabiliza; basta aguardar o seu agir, essa confiança nos faz crer como Paulo: "E o meu Deus [...] há de suprir cada uma das vossas necessidades" (Fp 4.19).

Quando ganhei a bolsa de estudos para o Centro de Treinamento da WEC, para estudar Missiologia por um ano na Austrália, fui apenas com a passagem de ida. Em outubro, o diretor me chamou em sua sala e me falou que seria necessário comprar a passagem de volta para dezembro daquele ano. Esse era um trâmite normal da missão. Eu não tinha nenhuma reserva, mas disse a ele: "Pode comprar".

Subi para o meu quarto e clamei ao Senhor, dizendo: "Tu és meu Pai. Sou como uma criança. Quem compra a passagem da filha é o pai". Naquela noite, o Senhor me deu um sonho. Eu percebi a presença de Deus e ouvi sua voz dizendo: "Minha filha, quando alguém lhe perguntar o que você tem de mais valor do que ouro ou prata, mostra as minhas palavras". Eu disse: "As promessas de Deus". Em uma reunião de oração, pedi que orassem pela minha passagem. Então, alguns passaram a me perguntar: "Quanto você já tem?". Eu passei a responder o que o Senhor me disse naquela noite. Certo dia, o diretor me chamou novamente para dizer que alguém telefonara para a WEC e informara que estava depositando quinhentos

O PROCESSO DE CONSTRUÇÃO DA ESPIRITUALIDADE 233

dólares para uma aluna que iria viajar, e ele direcionou essa oferta para mim.

Outro dia, fui olhar as correspondências e tinha uma carta em meu nome. Abri e vi que era um cheque de quinhentos dólares. Então, falei com o diretor: O dinheiro chegou! Mas ele disse que não se tratava da mesma pessoa. A primeira oferta veio em forma de depósito e esta última veio diretamente para mim, numa correspondência nominal. Não tive conhecimento de quem ofertou. Com outras ofertas menores, além de pagar toda a passagem, ainda tive a oportunidade de deixar o meu dízimo para a missão.

Somente crendo na fidelidade divina podemos seguir em frente. Deus nos chama para depender dele, para viver pela fé. A incerteza do amanhã só encontra descanso na consciência de que aquele que chama é fiel e não falhará!

O teste da coragem para enfrentar desafios

O apóstolo Paulo viajava para Jerusalém sabendo que estaria em perigo de vida: "o Espírito Santo, de cidade em cidade, me assegura que me esperam cadeias e tribulações" (At 20.23). Mas ele não desistiu!

Quantos desafios na caminhada! Mas os covardes que voltem! Deus está mais interessado naqueles que determinadamente obedecem à sua voz, armam-se de trombetas e cântaros, como Gideão e seus seguidores, do que por um batalhão, armado e adestrado para a guerra, contudo tímido e medroso, como na narrativa da vitória dos israelitas contra os midianitas (Jz 7).

Ter coragem é enfrentar o perigo, mesmo que nos venha o temor. Firmados na confiança em Deus, não seremos dominados pelo medo. "Em me vindo o temor, hei de confiar em ti" (Sl 56.3-4). A confiança vence o medo.

Precisamos ter coragem para lutar contra Satanás, não medindo força com ele, mas usando as armas da vitória do divino capitão (Ef 6.10-18). "Coragem é enfrentar a adversidade não porque superamos a dor, mas porque encontramos força para suportá-la".[39]

Como reagimos aos testes do nosso Mestre? "Nesses testes, não encontramos dezenas de opções para a nossa escolha, mas somente uma [...] e todo o nosso futuro dependerá da escolha que fizermos."[40] Passar pela provação e ser aprovado, qualificado para cumprir o ministério para que o Senhor outorgou.

A espiritualidade é construída; é um processo de amadurecimento espiritual. Não pode ser adquirida a partir de uma série de estudos bíblicos ou encontros de cura interior. É um trabalho divino seguindo as várias fases de mutação da personalidade humana. São etapas de crescimento; vencendo cada uma delas, podemos alcançar o amadurecimento pessoal e ministerial.

---

[39] Juan Martin Velasco. *A experiência cristã de Deus*. São Paulo: Paulinas, 2001.

[40] A. W. Tozer. *À procura de Deus*. Belo Horizonte: Betânia, 1985. p. 27.

Questões para reflexão pessoal ou em grupo, em atitude de oração

1. Procure identificar qual a imagem que predomina na sua relação com Deus.

2. Você tem procurado conhecer-se na prática do autoexame? Você tem se aperfeiçoado por meio da interação humana?

3. Procure estabelecer diretrizes para a prática do exame de consciência.

4. Você já percebeu quais métodos o Senhor usa para tratá-lo?

5. Como você encara as provações e em que medida você se submete aos testes de Deus?

capítulo nove

O **EXERCÍCIO** DA ESPIRITUALIDADE NO **MINISTÉRIO**

A espiritualidade na vida de um ministro também se expressa na forma de ele encarar a sua vocação e em como ele serve a Deus. A primeira atitude para o desempenho do ministério cristão é a consciência da vocação. Quando tentamos responder ao que Deus nos chamou, surge a necessidade de identificar os dons recebidos para o desempenho dessa chamada. São os dons que determinam o ministério de cada um, porque o ministério é o exercício dos dons a capacitação que o Senhor, pelo Espírito, dá aos membros do corpo de Cristo.

Evidentemente, todo cristão é chamado para servir, mas a Palavra nos ensina que o Senhor vocaciona alguns para um ministério específico. Como já é do nosso conhecimento, o apóstolo Paulo traça uma relação de dons em suas cartas aos Efésios (4.11), aos Romanos (12.3-8) e aos Coríntios (2Co 12). Também o apóstolo Pedro, na sua primeira carta (4.10-11), explicita alguns dons que são dados aos membros do Corpo de Cristo para o cumprimento da missão, para a edificação da igreja e para glorificação do seu Nome.

Não nos propomos a refletir acerca dos dons. Há muita literatura sobre o assunto, assim como alguns testes de dons, que recomendamos. Os dons devem ser buscados e confirmados pelo Senhor, testando as aptidões naturais, observando e aproveitando as oportunidades abertas pela mão divina para o exercício ministerial.

A espiritualidade também se expressa no pleno exercício da vocação e requer claro entendimento da relação entre dons e ministérios, oportunidades e limites. Pontuaremos algumas expressões de espiritualidade no que se refere ao exercício do ministério.

ESPIRITUALIDADE IMPLICA CUMPRIR O PROPÓSITO DIVINO COM TOTAL PRONTIDÃO

Costumamos dizer aos vocacionados que o fato de termos cargos e ofícios não indica que estamos trabalhando para Deus ou que estamos cumprindo o plano pessoal que o Senhor determinou para nós. O Senhor Jesus disse aos discípulos: "A minha comida consiste em fazer a vontade daquele que me enviou e realizar a sua obra" (Jo 4.34). Realiza a obra de Deus quem cumpre a vontade de Deus.

Para Jesus, fazer a vontade de Deus vem em primeiro lugar, porque nenhuma obra alcança o ideal de Deus se a vontade dele não for cumprida. A aprovação divina para

O EXERCÍCIO DA ESPIRITUALIDADE NO MINISTÉRIO

a obra do tabernáculo foi confirmada, porque tudo foi feito como o Senhor tinha ordenado a Moisés (Ex 40.16).

Quem cumpre o propósito divino com prontidão não restringe o ministério ao uso exclusivo do dom. Alguns missionários limitam seu trabalho ao desempenho do dom recebido. Ouvi alguns dizerem: "Eu não tenho dom de evangelista, meu ministério é ensino". E, por isso, não evangelizam. Todos são chamados a testemunhar da graça salvadora, não apenas os que têm o dom de evangelismo. Quando evangelizamos também estamos ensinando, porque na grande comissão está incluída a ação pedagógica: "Ensinando-os a guardar todas as coisas que vos tenho ordenado" (Mt 28.20).

Muitas vezes a necessidade da obra nos colocará na função administrativa sem que tenhamos o dom de administrar; assim, exerceremos a administração como uma ação da graça de Deus. Aliás, Paulo também diz que nada realizou por si mesmo, mas relatava aos romanos o que Cristo fizera por seu intermédio (Rm 15.18). Ele sempre esteve pronto para servir a todos, usando as mais variadas formas de comunicação, de operacionalizar os dons, as mais diferentes estratégias, aproveitando as oportunidades em diversos lugares: nas sinagogas, no areópago, ao ar livre, nas praias, contextualizando a sua mensagem para alcançar o maior número possível de pessoas.

Com sua prontidão em servir, Paulo não media esforços; avançou a ponto de confessar que não havia mais lugar para o trabalho na Ásia Menor e planejava ir a Roma, passando pela Espanha. "Desde Jerusalém e circunvizinhanças até ao Ilírico, tenho divulgado o evangelho de

Cristo [...] não tendo já campo de atividade nestas regiões" (Rm 15.19,23).

A prontidão para servir nos colocará onde houver necessidade e nos levará a fazer desprendidamente todo o possível para que o plano divino se cumpra em nossa vida e o evangelho chegue "até aos confins da terra". Paulo sempre expressou sua prontidão: "Fiz-me tudo para com todos [...] tudo faço por causa do evangelho" (1Co 9.22-23); "Estou pronto não só para ser preso, mas até para morrer em Jerusalém pelo nome do Senhor Jesus" (At 21.13).

> *Quem tem ministério a cumprir deve ter prontidão para qualquer tipo de trabalho, seja qual for o local ou a forma de serviço a Deus.*

A ESPIRITUALIDADE É AUTENTICADA NO APROVEITAMENTO DAS OPORTUNIDADES COM RESPONSABILIDADE PESSOAL

As oportunidades para cumprir a missão são diversas. Às vezes encontramos pessoas lamentando por não achar espaço de trabalho. É necessária a comprovação da vocação na comunidade para receber apoio e ter oportunidade ministerial. Lembrando que o ministério pode não ser dentro da estrutura eclesiástica, mas o que importa é servir, fazendo dos lares, das favelas, das ruas e das praças o nosso púlpito.

Seguimos o Cristo que não precisou fazer uso do sinédrio e não se limitou ao grande templo para comunicar

O EXERCÍCIO DA ESPIRITUALIDADE NO MINISTÉRIO

a sua mensagem. Quem tem o amor de Jesus no coração sempre encontrará uma forma de expressá-lo ao mundo.

É necessário que cada um mostre disposição até para o serviço mais simples. É mister oferecer-se verbalmente e estar pronto a criar as oportunidades guiado pelo Senhor da seara, pois certamente ele abrirá as portas. D. L. Moody também dizia que "é quando nos dispomos a fazer pequenas coisas que Deus nos confia grandes oportunidades. Os homens que, com permissão de Deus, realizam grandes coisas são aqueles que começaram com pequenas coisas. Se não estamos dispostos a falar para uma pessoa a respeito da sua alma e a trabalhar com ela, então não estamos aptos a pregar a outros, do púlpito. Alguns dos maiores sermões de Cristo foram pregados a uma ou duas pessoas".[1]

É verdade que há lideranças eclesiásticas que não reconhecem os dons nos seus liderados, nem lhes abrem oportunidades. Como diz Kléos Cesar: "A igreja e os líderes são responsáveis para identificar e apoiar os vocacionados. Porque às vezes, parecem indesejados e, até mesmo chegam a sofrer 'ameaças de aborto'. Não deveria haver alegria, porque a igreja foi o ventre de uma vocação gerada pelo Espírito?".[2]

Assim como os dons são diversos, são várias as oportunidades para exercitá-los. Alguém pode exercer o ministério de ensino usando o dom de mestre para ensinar

---

[1] Steve Miller. *Liderança espiritual segundo Moody*. São Paulo: Vida, 2004. p. 26.

[2] Kléos Magalhães Lenz César. *Vocação – Perspectivas Bíblicas e Teológicas*. Viçosa: Ultimato, 1997. p. 109.

as crianças da favela; e outro, no exercício da cátedra. Ambos servem com o mesmo dom, mas em cenários e grau de conhecimentos diferentes.

O ministro não deve se sentir diminuído por ter sua plateia de crianças ou de pessoas simples — o que importa é cumprir o ministério dado por Deus, porque para ele todos têm o mesmo valor. Lembremo-nos de que o Mestre dos mestres se dedicou a ensinar pescadores, preferindo o leigo aos escribas da lei.

As oportunidades são as esferas de atuação necessárias para o desenvolvimento dos dons.

A ESPIRITUALIDADE É COMPROMETIDA COM A EXCELÊNCIA DO EVANGELHO INTEGRAL

Estamos em uma época de desenvolvimento científico. Os meios de comunicação oferecem várias oportunidades para o crescimento cultural e o aprimoramento das habilidades técnicas e profissionais. Hoje, os jovens saem das faculdades aos 21 anos. Ir ao campo transcultural fazendo uso da profissão é uma forma de operacionalizar dons e capacitações a serviço das comunidades carentes, revelando a excelência profissional com o serviço missionário. Robert e Sarah Kalley chegaram ao Rio de Janeiro, em 1855, com o desejo de cumprir o seu ministério de proclamar a Palavra de Deus ao povo brasileiro. Naquela época, a crise na saúde era muito grande. O dr. Kalley, como missionário e médico, não ficou indiferente aos desafios da necessidade do povo. Logo ofereceu seus serviços ao responsável pelo setor de saúde, o dr. Melo Franco, que não hesitou em aceitar a sua ajuda. O mais importante disso tudo foi o fato de o dr. Kalley ter tido a visão da oportunidade que estava diante dele, somando à proclamação do evangelho o seu trabalho de médico.

O profissional em missões é o modelo mais eficiente para a evangelização em países fechados e para os povos não alcançados. Na era na qual o mundo pós-moderno enfatiza a solidariedade, em qualquer parte do globo o ministério holístico é o mais apropriado para a missão. O médico, o enfermeiro ou outro agente de saúde servem com o dom da misericórdia, o dom de socorro aos carentes. O engenheiro agrônomo, usando o dom de servir, vai favorecer o povo, dando-lhe condições de produzir alimento e melhorar a sua sobrevivência. O professor, enquanto exerce o magistério, está educando para a vida com os princípios da educação cristã. O Betel Brasileiro, através de projetos sociais com algumas parcerias, tem atendido comunidades carentes em João Pessoa, no sertão nordestino entre indígenas e Quilombolas. Missionários da AME (Associação Missão Esperança), no sudeste asiático, por meio do trabalho de educação e saúde, têm servido o povo com um grande diferencial.

Homero Aziz, presidente internacional da missão Mais (Missão em Apoio à Igreja Sofredora), e sua esposa, Débora, ex-alunos do Betel Brasileiro, desenvolvem programas de acolhimento no Oriente Médio assistindo a famílias de lugares como Síria, Iraque, Jordânia e demais países, com enfoque na ação social. Os novos cristãos são atendidos com realocação e microcrédito para abertura de pequenos negócios.

A história das missões relata abnegados cristãos que se dispuseram a viver em regiões de risco, unindo a capacitação profissional à proclamação do evangelho, expressando o amor no serviço, às vezes sem palavras, onde a pregação é proibida, mas deixando a marca de Cristo naquilo que fazem em expressões concretas do amor de Deus.

A obra missionária precisa de bons profissionais da área de comunicação social para expressar com mais propriedade as verdades que defendemos, quer na forma escrita, quer na oral. Qualquer outro profissional deve colocar-se a serviço da sociedade, mesmo dentro de sua cultura, revelando seu compromisso com o reino de Deus acima do simples exercício da profissão.

A historiadora Ruth Tucker assinala que "as mulheres se distinguiram em quase todos os aspectos do trabalho missionário, mas os campos da medicina, educação e tradução foram particularmente afetados por sua perícia".[3]

Destacamos o exemplo dos missionários Ronaldo e Rossana Lidório. Ele é teólogo, antropólogo e tradutor; ela, enfermeira. Eles realizaram um frutífero trabalho em Gana, na África. Agora, na selva amazônica, formaram uma equipe com o Projeto Amanajé. Lá oferecem atendimento na área de saúde, plantação de igrejas, treinamento de líderes, tradução do Novo Testamento e mapeamento de áreas para alcançar as tribos escondidas. Oferecer um evangelho integral enriquece as culturas com os valores do reino de Deus.

---

[3]   Ruth Tucker. *Até aos confins da Terra*. São Paulo: Vida Nova, 1996. p. 248.

As formas podem variar de acordo com a capacitação profissional, mas a missão é a mesma.

NA EXPRESSÃO DA ESPIRITUALIDADE, OS DONS SÃO EXERCIDOS DE ACORDO COM A DIMENSÃO DO MINISTÉRIO

Há vocacionados que cumprem sua missão em tempo integral, servindo exclusivamente nos programas eclesiásticos ou nos projetos missionários, e há outros que servem em tempo parcial. É imprescindível conhecermos a forma como Deus age em relação à nossa vida; isto é, discernir a particularidade com que Deus nos trata. É surpreendente perceber as linhas que contornam os desígnios de Deus no que tange a cada um de nós. O chamamento vocacional é pessoal. O que Deus exige de um não é a mesma coisa que exige do outro. À luz da parábola dos talentos, entendemos que daquele que recebeu um talento não foi cobrado mais do que recebeu. Foram cobrados cinco talentos daquele que recebeu cinco. (Mt 25.14-29)

A dinâmica do serviço de um é diferente da forma como o outro serve a Deus. Um é escolhido para cargos de grande responsabilidade, como o missionário Dr. Bertil Ekströn, que liderou um trabalho mundial como diretor executivo da Comissão de Missões da Aliança Evangélica Mundial. Outro lidera um pequeno grupo em sua própria igreja. Um e outro servem na dimensão dada por Deus. O perfil do ministério de cada um é *sui generis*, por isso as nossas experiências são muito pessoais e não podem servir de princípios para ninguém.

As particularidades do perfil ministerial se conformam à nossa consciência. Por isso, Paulo deixa em aberto algumas questões, como ficar solteiro, buscar os direitos de ter um sustento digno e outras decisões da vida, classificando essas coisas como questão de consciência (1Co 7.7-9; 9).

Dessa forma, estamos distinguindo a revelação divina de caráter universal daquela que é pessoal; o propósito universal, do propósito pessoal. No ministério de cada um há inegavelmente particularidades. É a forma pessoal de executar os planos soberanos de Deus. Estar atentos a esse princípio é um caminho da saúde emocional e espiritual. Um planta e outro rega (1Co 3.6-7).

Tomemos como exemplo um obreiro que exerce o dom de evangelista na pequena vila onde nasceu e ganha muitas vidas para Jesus. Ele está cumprindo a sua missão da mesma forma que cumpriu o grande evangelista dr. Billy Graham, que pregou para milhares de pessoas e tornou-se mundialmente conhecido em dezenas de países. O que distingue um do outro é a dimensão ministerial. Tanto um como o outro tem seu valor, porque desenvolvem seus ministérios de acordo com a porção que o Senhor lhes proporcionou.

Jesus escolheu doze apóstolos; com a saída de Judas, entrou Matias; depois veio Paulo. Contudo, entre estes, Paulo alcança uma dimensão maior do que qualquer outro. E, mesmo assim, a igreja está fundamentada na doutrina dos apóstolos, e não apenas no ensino de Paulo.

A dimensão pode mudar, mas a essência do ministério é a mesma.

UM MINISTÉRIO ESPIRITUAL SEGUE O CRONOGRAMA DE DEUS

Às vezes somos apressados e nos precipitamos. Outras vezes somos acomodados e perdemos tempo. Quem anda com Deus deve ter olhos atentos para perceber os sinais que indicam a hora de avançar e a de parar, como fazia o povo de Israel ao olhar para a nuvem, buscando saber o ritmo de sua marcha pelo deserto do Sinai (Nm 9.21-23). Saber a hora de se expor ao público e a hora de retirar-se da multidão, como fez Jesus, que preferiu se atrasar para a Festa dos Tabernáculos, não atendendo às provocações dos seus irmãos (Jo 7.3-7). Identificar a hora de calar e a hora de falar, como fez Neemias, para poder iniciar o projeto de reconstrução de Jerusalém (Ne 2.12,16). Como diz o sábio Salomão: "Há um tempo certo para cada propósito debaixo do céu" (Ec 3.1).

Há aqueles que são vocacionados quando crianças ou jovens e bem cedo iniciam a vida ministerial. O Internato do Betel Brasileiro, em João Pessoa, tem recebido vocacionados que decidiram priorizar o estudo de teologia mesmo tendo sido aprovados no Enem em cursos como medicina, direito, letras e outros. Eles entenderam que o chamado específico para o ministério deve ser assumido de imediato e requer preparo integral. Outros dedicam-se ao ministério já maduros. Lembro-me de uma família que veio estudar com filhos já adolescentes; eles fizeram o curso e hoje estão servindo em uma comunidade de portugueses no Canadá. Ambos estão no programa de Deus, porque o tempo não deve ser cronometrado pelo homem. A questão é estar atento ao *kairós* de Deus para mudanças e trabalho. "Quando o nosso tempo se torna 'kairos', ele

abre-nos intermináveis novas possibilidades e oferece-
-nos uma oportunidade constante de mudança da alma".[4]

Só é possível cumprir a missão de forma relevante quando nos encontramos no tempo de Deus para realizar o seu programa, marcando a história de um povo.

A vocação é assumida quando o relógio de Deus desperta para cada um de nós.

ESPIRITUALIDADE É SERVIR INTENSAMENTE A DEUS, CONSCIENTE DE QUE SÓ ELE É CAPAZ DE MEDIR OS RESULTADOS

O que produzimos para Deus, só ele tem condições de avaliar. Alguém pode trabalhar a vida toda no ministério; outro pode começar seu ministério já tarde; mas a produção de um e de outro só será revelada na eternidade.

Os critérios para avaliar a obra de Deus não são os números, nem os suntuosos edifícios, nem as estruturas organizacionais de primeira linha. Não nos deixemos impressionar pela aparência. Quantos ministros procuram copiar o que funcionou ali ou acolá, desejando seguir estruturas para poder se enquadrar no sistema da igreja que cresce ou adotar a linha de trabalho de uma missão que está dando resultados? Devemos aprender uns com os outros; entretanto, Deus tem um modelo de operar a sua graça em diferentes formas de ministério. O apóstolo Paulo trabalhava com a consciência de que só

---

[4] Henri Nouwen. *Pobres palhaços em Roma*. São Paulo: Vozes, 1997. p. 96.

Deus pode medir os resultados, porque o crescimento é obra exclusiva dele. Um planta, outro rega, outro colhe, mas Deus é quem efetua o crescimento (1Co 3.5-7).

Creio que teremos muitas surpresas. Serão reprovados aqueles que dirão ter feito muitos milagres e até realizado grandes obras no nome do Senhor, por não serem reconhecidos por Cristo. Outros não receberão o galardão esperado (Mt 7.22-23).

Uma coisa é certa: frutifica para o reino eterno quem produz o fruto da Videira, que permanece para sempre. "Sua obra será mostrada, porque o Dia a trará à luz; pois será revelada pelo fogo, que provará a qualidade da obra de cada um. Se o que alguém construiu permanecer, esse receberá recompensa" (1Co 3.13,14).

No serviço a Deus, só os céus sabem computar os resultados.

A ESPIRITUALIDADE É MEDIDA QUANDO NOS DISPOMOS A SERVIR A DEUS DESPRENDIDOS QUANTO AO SUSTENTO PESSOAL E DA OBRA

Há muitos que tratam o ministério como uma profissão, demonstrando profunda preocupação com o que vão receber. Quando o Senhor Jesus enviou seus doze discípulos, conforme Mateus 10, deu-lhes uma relação de objetos que não deveriam levar. Eles saíram debaixo do princípio que diz: "O trabalhador é digno do seu sustento" (1Tm 5.18). A fé na promessa daria a eles a certeza de que nada lhes faltaria. Não estamos defendendo uma atitude irresponsável de sair ao campo antes de levantar o sustento. E nem tão pouco de tornar-se dependente de outros. Entendemos que a comunidade local deve cumprir sua missão de sustentar o obreiro com dignidade. Estamos defendendo os princípios bíblicos de dependência de Deus no sustento. É triste ver ministros mercadejando a Palavra de Deus. Alguns o fazem abertamente; outros, de forma mais sutil. Já vimos missionários que, para levantar seu sustento, constrangem as pessoas, sensibilizando-as com imagens deploráveis do país aonde irão.

No plano ordinário de Deus, as igrejas devem sustentar os obreiros com dignidade — tanto o pastor local como o missionário nacional ou transcultural. Contudo, constatamos que muitas igrejas não se dispõem a contribuir com o missionário e estão mais atentas à estrutura física que ao avanço do evangelho.

Em alguns casos, o candidato ainda não demonstrou sinais visíveis e convincentes da sua vocação. A pressa de sair para o campo atropela esse processo.

O missionário Robert Harvey sempre afirmava: "Deus é responsável para cumprir aquilo que ele planejou; se ele chama alguém, ele dará os meios para o cumprimento dos seus propósitos". Ele ainda é Deus de milagres! Em toda a Bíblia e na história presenciamos o Senhor realizando coisas impossíveis, como as experiências de George Muller, o qual testemunhou que, pela fé, alimentava 2 mil órfãos, e nunca nenhuma criança ficou sem uma refeição sequer. Disse ele: "Ao orar, estava lembrado de que pedia a Deus o que parecia impossível receber dos irmãos, mas que não era demasiado para o Senhor conceder".[5] Deus

---

[5]   Orlando Boyer. *Heróis da Fé*. Rio de Janeiro: CPAD, 1985. p. 14.

também opera milagres no coração de líderes insensíveis à obra missionária, ou de um membro comum com pouca informação das necessidades do campo, mas que se dispõe a servir a Deus com os seus bens.

A missionária Lídia Almeida de Menezes, que foi presidente do Instituto Bíblico Betel Brasileiro de 1969 a 2001, dependia exclusivamente de Deus para realizar a obra que ele pôs em suas mãos. O Betel é uma obra de fé. O seminário enfrentava o enorme desafio de construir uma estrutura física que abrigasse a instituição em todas as suas áreas de atuação, pois o crescimento da obra era eminente. Ela orava, dizendo: "Incomoda teus mordomos fiéis para fazerem suprimento para tua obra no Betel Brasileiro". No outro dia, logo cedo, alguém de outra cidade ligou para ela dizendo que naquela noite quase não conseguira conciliar o sono, lembrando-se do Betel, e sentia Deus o impulsionando para lhe enviar uma oferta. Essa é uma das inúmeras providências do Deus que supre.

A nossa confiança deve ser fortalecida no cuidado do nosso Pai. Ele é fiel em suas promessas. O apóstolo Paulo, quando se dedicou totalmente ao ministério, recebia as ofertas, não demonstrando ambição nem expondo sua necessidade. Ele agradeceu a oferta como um crédito para a conta dos doadores (Fp 4.17). Outra lição que aprendemos com o apóstolo Paulo é que nunca o encontramos fazendo uma prece a favor de si mesmo. Mas orava para que Deus suprisse as necessidades dos seus mantenedores. Se eles estivessem supridos, certamente teriam como enviar seus donativos. "O meu Deus suprirá todas as necessidades de vocês, de acordo com as suas gloriosas riquezas em Cristo Jesus" (Fp 4.19).

Acredito que, se os que dependem exclusivamente de Deus para o seu sustento fossem mais desprendidos quanto ao receber, haveria mais mordomos para doar.

Para cumprir a vocação, é necessário exercitar fé, a fim de receber de Deus o suprimento das necessidades.

ESPIRITUALIDADE É CUMPRIR O MINISTÉRIO INTEGRALMENTE

O vocacionado tem uma missão a cumprir e deve estar comprometido com ela até a morte. Pode ser que haja um envolvimento com algum tipo de trabalho por um tempo determinado, como aqueles que atendem a projeto de curto prazo, mas isso não significa que sua vocação se encerrou com o fim do projeto. O escolhido por Deus tem o coração integralmente na obra de Deus, não se dando por satisfeito até poder declarar como Paulo: "Combati o bom combate, completei a carreira, guardei a fé" (2Tm 4.7). Ele assumiu uma personalidade vocacional que tinha por meta cumprir o ministério que recebeu do Senhor. O seu modelo de vida estava tão entrelaçado com a missão, tão comprometido com a vocação, que nunca haveria uma dissociação de plano ou interesse pessoal.

Os obreiros podem perder os cargos e os ofícios, podem ser aposentados, mas nunca estarão impedidos de desenvolver seus dons, seja numa estrutura institucional ou não. Segundo os critérios de algumas denominações e agências missionárias, os obreiros são jubilados após os 70 anos de idade, ou até menos. Mas isso não implica parar de servir no ministério até o fim. Nunca se perde a vocação de servir.

O pastor Enéas Tognini esteve firme no ministério até seus 92 anos. Mesmo antes, quando entregou a liderança, seu coração de servo pulsava para continuar oferecendo-se no altar dos sacrifícios. Nem a idade, quando as forças se esvaem, nem as limitações físicas, ou a falta de recursos, ou dificuldades quaisquer podem ser obstáculos à caminhada. Esse é o supremo alvo da vida do vocacionado. Essa realidade foi vivida por John Wesley. O avivalista do século 18 pregou até os 88 anos. "Seus contemporâneos ficavam espantados ao ver que ele manteve um ministério itinerante tão árduo e incansável. Calcula-se que ele tenha viajado a cavalo um total de 365 mil km em seu ministério e pregado 46 mil vezes".[6]

Dr. Russel Shedd serviu intensamente à igreja brasileira até seus 82 anos, viajando por todo o país, participando de inúmeros congressos de várias denominações e fortalecendo a igreja no ensino da Palavra, oferecendo expressiva contribuição na produção de literatura como fundador das Edições Vida Nova. Foi um grande colaborador da igreja para expansão da obra missionária mundial e um apoiador do Betel Brasileiro.

Cumprir o ministério é chegar ao fim da carreira doando a vida até a morte.

---

[6] L. Wesley Duewel. *O Fogo do Reavivamento*. São Paulo: Candeia, 1998. p. 76.

A VERDADEIRA ESPIRITUALIDADE NOS LEVA A CUMPRIR A MISSÃO SEM BUSCAR RECOMPENSAS

Naturalmente, temos a tendência de querer ser recompensados por aquilo que fazemos e de achar que o trabalho missionário é um sacrifício que deve ser coroado; concluímos que Deus deve atender os desejos do nosso coração. Por influência da teologia da prosperidade e do humanismo tão forte em nossa sociedade, vemos pessoas até exigindo de Deus o que elas desejam. O verdadeiro cristianismo não é assim. O Mestre nos ensinou que a maior recompensa é servir.

Jesus prometeu galardoar: "E quem der a beber, ainda que seja um copo de água fria, a um destes pequeninos, por ser este meu discípulo, em verdade vos digo que de modo algum perderá o seu galardão. E todo aquele que tiver deixado casas, ou irmãos [...] por causa do meu nome, receberá muitas vezes mais e herdará a vida eterna" (Mt 10.42; 19.29).

A verdadeira recompensa deve ser a alegria de poder servir numa atitude de gratidão pela imerecida graça de Deus. É uma questão de lucro antecipado. A riqueza da graça outorgada impulsiona o querer; estimula o realizar para Deus em doação plena. Ela vem quando aprendemos a dar desinteressadamente, quando nos dispomos a perder a vida para poder ganhá-la, e não para sermos recompensados, pois, do contrário, anulamos a graça.

Ouvi uma missionária dizer: "Mas por que Deus não atende a minha oração naquilo que tanto desejo?". Deus não está comprometido com as nossas ambições. Precisamos entender que os valores eternos não podem ser

O EXERCÍCIO DA ESPIRITUALIDADE NO MINISTÉRIO

aquilatados ou equiparados dentro de uma perspectiva humana efêmera e passageira. Ver a recompensa do Senhor naquilo que nos faz sentir prazer, ou a partir do ambiente que nos proporciona bem-estar físico, é mesquinho demais.

Há maior recompensa do que a consciência de estarmos dentro dos propósitos divinos e sermos usados para conduzir outros à luz do evangelho, para edificar a igreja do supremo pastor, para dar continuidade à missão do Senhor Jesus na terra? Há maior recompensa do que sermos pessoas plenamente realizadas em nossa vocação? Há maior recompensa do que a paz interior de que gozamos por descansarmos nas providências divinas? A maior recompensa é poder servir para reverter a glória para Àquele de quem tudo emana.

"O peso de glória é quando a alma humana se aperfeiçoa a ponto de obedecer voluntariamente como as criaturas inanimadas o fazem em sua obediência unânime, então se revestirá de sua glória. [...] Há maior recompensa que não ser deixado do lado de fora, mas ser convidado a entrar e poder ouvir a aprovação do SER perfeito: 'Vinde, benditos do meu Pai. Possuí por herança o reino que vos está preparado desde a fundação do mundo. Muito bem, servo bom e fiel; foste fiel no pouco sobre o muito te colocarei; entra no gozo do teu senhor". (Mt 25.34,23)".[1]

O prazer de servir sem nada exigir é a maior recompensa.

---

[1] C. S. Lewis. *O peso de glória.* São Paulo: Vida, 2008, p. 47.

ESPIRITUALIDADE É TRABALHAR CONSCIENTE DE QUE O SENHOR DELIMITOU UMA ESFERA DE AÇÃO PARA CADA UM

A multiplicidade de ministérios e organizações dentro da sociedade evangélica nos faz deparar com um espírito de competição que aflora em nosso meio. Há duplicação de esforços e parece que cada grupo quer chegar primeiro e colocar a sua bandeira no território conquistado. É necessário concentrar o ministério naquilo que Deus nos deu a fazer. Moody exortava, dizendo: "Em primeiro lugar se entregue sem reservas, completa e inteiramente ao Senhor [...] consagre-se, depois concentre-se. É importante definir os objetivos e dedicar-se a eles. Tome a decisão de dedicar sua vida a um único objetivo. Consagre-se e depois concentre- se. E você será usado por Deus!".[8]

É necessário avaliar as nossas ambições e o que nos estimula no serviço. O apóstolo Paulo foi quem mais avançou na divulgação do evangelho, mas era cuidadoso e se concentrava para não construir sobre alicerce alheio, e decidiu não pregar onde Cristo já havia sido conhecido (Rm 15.20). Porém, o que mais nos impressiona em Paulo é a capacidade de reconhecer que o Senhor delimita o campo de atuação de cada um. Seu chamado foi para ser apóstolo aos gentios; e Pedro, apóstolo aos judeus (Gl 2.8).

Há grupos a quem Deus confiou um tipo de trabalho bem-definido, o qual desenvolvem bem, dentro desse limite. Quando resolvem atuar em outro tipo de ministério, não

---

[8]   Miller, p. 128-129.

têm a mesma graça e não alcançam os mesmos resultados. Isso é percebido na variedade de ministérios que encontramos no Brasil. Por exemplo, o pastor Paulo Cappelletti e sua equipe fazem um trabalho belíssimo com, pessoas em situação de rua, marginalizadas, e o Senhor tem abençoado grandemente esse ministério. O que não acontecerá da mesma forma se outro grupo, sem a chamada para essa área, se programar para fazer o mesmo.

Meu pai, o presbítero Nicodemos Bezerra, tinha o dom de ensino. Muitas vezes ele ouviu dos membros de sua igreja: "Por que você não é pastor?". E ele respondia: "Porque Deus não me chamou para ser pastor". E ao longo da vida cristã serviu como professor de escola bíblica dominical e pregador, colhendo bons frutos no seu ministério.

Paulo revela que tem um limite demarcado por Deus, uma esfera de ação que Deus lhe confiou. "Nós, porém, não nos gloriaremos sem medida, mas respeitamos o limite da esfera de ação que Deus nos demarcou e que se estende até vós" (2Co 10.13). Essa consciência é fundamental para vencer as inquietações da nossa humanidade, que muitas vezes cobram além do nosso limite. Há pressões daqueles que nos induzem a fazer o que Deus não planejou para nós e pressões da malignidade, que instigam o sentimento de culpa, nos apontando uma falta que não é nossa.

É bom lembrar aos que estão iniciando o ministério o fato de que eles não são os responsáveis por tudo que deve ser feito para a transformação do mundo, nem devem trabalhar com um postulado messiânico.

A sabedoria de Deus distribuiu os dons distintamente. Paulo pergunta: "São todos mestres?"; "Têm todos dons de curar?". A diversidade de dons e de realizações é que dá harmonia ao corpo e supre a falta de cada membro. Paulo argumenta também acerca da dificuldade que temos de aceitar nosso lugar no corpo. "Se o ouvido disser: Porque não sou olho, não sou do corpo [...] Se todo o corpo fosse olho, onde estaria o ouvido?" (1Co 12.16-17).

Quando entendermos qual é a nossa parte no reino e nos concentrarmos em realizar o que nos foi determinado pela soberania divina, teremos condições de produzir para Deus com total realização pessoal e ministerial, mesmo que assumamos uma pequena parte neste belo universo do seu reino glorioso.

Ter um ministério bem-sucedido é servir na esfera
de ação estabelecida por Deus para cada um de nós.

CONTINUAR SERVINDO AO POVO DE DEUS, MESMO ESTANDO SOB JULGAMENTO POR CAUSA DO MESMO POVO, É PROVA DE ESPIRITUALIDADE

Moisés lutou pela libertação de Israel, arriscando a própria vida diante da fúria de Faraó. Defendeu os israelitas ante a ira divina quando o Senhor queria destruí-los (Ex 32.9-10). Por quarenta anos conduziu o povo pelo deserto inóspito, suportando as reclamações e a rebeldia de um povo carnal e insensível às manifestações de um Deus bondoso, sempre pronto a atendê-lo.

Moisés guiava Israel para um alvo: alcançar a terra prometida. O que fortalecia o espírito desse grande líder era a certeza de receber a promessa divina. Isso lhe encorajava a alma nas provações da caminhada. Era a confiança

O EXERCÍCIO DA ESPIRITUALIDADE NO MINISTÉRIO

de que entraria numa terra que mana leite e mel antevista pela fé. Moisés foi obediente a todos os estatutos e juízos estabelecidos para a nação. "Era fiel, em toda a casa de Deus, como servo" (Hb 3.5). Tanto os israelitas como os cristãos admiram e reverenciam esse líder que gozou de profunda intimidade com Deus, ouvindo a voz do Senhor e obedecendo a ela durante toda a sua peregrinação.

Porém, quando chegou a hora de atravessar o Jordão, foi impedido de entrar e tomar posse da terra. "Não entrarás nela, na terra que dou aos filhos de Israel" (Dt 32.48-52). Diante desse caso, meu espírito se constrange e se recusa a entender o texto, mas se contenta em ver no exemplo de Moisés a capacidade de, mesmo estando sob o *veredictum* divino, preparar o povo para receber a promessa que lhe fora vedada. Ele confessa que foi alvo da ira divina: "O Senhor indignou-se muito contra mim, por vossa causa, e não me ouviu" (Dt 3.26).

Ele aceitou o julgamento divino, consciente de que falhou — não porque trabalhou visando vantagens pessoais; nem porque foi irresponsável no cumprimento do dever; nem por desobediência aos mandamentos (Decálogo); nem por questão de fraqueza de caráter; mas foi uma atitude irrefletida em decorrência de sua indignação diante da rebeldia do povo. Bateu na rocha em vez de falar a ela como mandara o Senhor (Nm 20.7-13).

Além de não poder entrar na terra, para a qual caminhou por quarenta anos, Moisés teria de preparar o povo, instruir e estabelecer o seu sucessor. Ele passou a liderança para Josué, dando-lhe todas as diretrizes e recomendando-o a gozar da bênção pela qual tanto lutou para alcançar. Só aquele que se doa a Deus doando-se ao povo pode enfrentar a difícil tarefa de sair do cargo de liderança e deixar a função sem perder o compromisso com a obra. Só aquele que aprende a servir a Deus servindo ao povo é capaz de manter sentimentos puros em relação ao povo, mesmo quando é julgado por causa dele.

Aqueles que se relacionam com Deus como o Senhor da obra são capazes de enfrentar mudanças estruturais, mudanças de liderança e seguir o mesmo propósito de ser fiéis à missão a despeito de tudo e de todos. Aqueles que servem a Deus independentemente da posição que exercem na igreja, na agência missionária ou em qualquer instituição são capazes de aceitar ser "trocados ou rebaixados" da sua função e se submeter a lideranças mais simples ou menos capazes, ou mais novas, mas que foram escolhidas pelo soberano Senhor.

Temos visto pastores decepcionados com suas ovelhas por constante rebeldia; abatidos com as pressões da liderança eclesial; vítimas da política denominacional; entristecidos com a ingratidão do povo. Também presenciamos missionários insatisfeitos com decisões injustas a seu respeito e com a insensibilidade de seus líderes quanto às implicações da sua vocação. Só é possível continuar no ministério sem perder o amor pelo povo de Deus e o ardor pela obra se formos capazes de olhar bem mais além da própria missão, para ver o Deus da missão, justo Juiz como só ele é, conscientes de que é ao Senhor que estamos servindo.

Passei por um período em minha vida missionária em que eu precisava confessar para mim mesma, com certa frequência: "É ao Senhor que eu sirvo, por isso continuo neste trabalho". Outras vezes dizia: "O Senhor não tem outro lugar para mim? A seara é tão grande, por que tem que ser aqui?" Recebi vários convites com boas propostas, mas o Senhor não me dava sinal verde... Sair do campo por causa das pessoas ou dos sistemas é suicídio espiritual.

O dr. William Taylor relatou a experiência de seu pai, o qual serviu como missionário na Guatemala por décadas, chegando a ocupar a liderança da missão nos Estados Unidos. Porém, desejando voltar ao campo, ouviu de alguns colegas:

— Você vai trabalhar sob a liderança de missionários inexperientes; ninguém que ocupa cargo elevado numa empresa desce da função.

Ele, porém, respondeu:

— O campo missionário não é uma empresa.

E seguiu para o campo como se fosse pela primeira vez.

Aprender a servir a Deus independentemente das pessoas, do povo e das estruturas é sinal de uma espiritualidade madura.

ESPIRITUALIDADE É ENTENDER E ACEITAR QUE EXISTE UM CONTEXTO HISTÓRICO QUE CIRCUNDA A NOSSA PRÁTICA MINISTERIAL E PODE ADIAR A REALIZAÇÃO DOS NOSSOS SONHOS

A obra de Deus é realizada dentro de um contexto histórico que interfere naquilo que empreendemos para a obra a nós confiada. O reino de Deus é espiritual, sim, mas sofre as interferências do contexto e da época em que vivemos. Vejamos o caso de Davi. Ele foi um rei de grandes conquistas.

Havia um plano no coração de Davi — construir um templo —, e Deus aprovou esse projeto. Mas o seu reinado foi de constantes guerras, e ele derramou muito sangue, como bom guerreiro de Israel. Davi começou a juntar ouro e prata para a construção do templo. Então o Senhor lhe disse: "Você não construirá um templo em honra ao meu nome". (1Cr 28.2-3;29).

Davi não caiu em depressão, não murmurou, nem questionou a Deus dizendo que as batalhas haviam sido para defender seu povo e foram enfrentadas no nome do Senhor dos Exércitos. Ele aceita a proibição porque entende que o seu reino é apenas uma parte do extenso e eterno governo de Deus. Davi também não se absteve de cuidar dos preparativos para que seu sucessor pudesse fazer o que não lhe fora permitido fazer. E ele conclama o povo para ofertar. Temos o registro da relação do seu tesouro pessoal, em grande quantidade, que ele doou para a construção do templo. Para ele, não importava se outro erigisse o belo templo, mas que o Senhor Deus de Israel tivesse um lugar digno para ser adorado. Sua preocupação não era ter o seu nome num grande empreendimento ou receber um memorial para os anais da história do seu reino. O que lhe importava era a glória do Deus de Israel.

Há empreendimentos ministeriais, sonhos do nosso coração, que podemos fazer e temos recursos para tal, porém o contexto histórico-sociocultural nos impede. Muitos servos de Deus sonharam com o crescimento da igreja brasileira, com o movimento missionário que hoje presenciamos. Foram os pioneiros da evangelização do nosso país, trabalharam arduamente, foram perseguidos e não usufruíram da tecnologia avançada que facilita o trabalho, nem dos múltiplos projetos sociais, nem das diversidades da música gospel que explodem no mercado evangélico. Contudo foram eles que lançaram o alicerce da obra que hoje desfrutamos.

É mais fácil "construir templos" na nossa época, porque os tesouros da perseverança, do amor, do sacrifício e da dedicação plena foram armazenados pelos nossos antecessores. Isso é uma realidade em todos os setores — na política, na cultura, na economia. Um governo não pode negar que seus empreendimentos têm uma base construída por seu antecessor. A história nos ensina essas verdades.

Nosso sonho e propósito do coração devem ser, antes de tudo, ver a glória de Deus encher toda a Terra. Ainda há muitos lugares que precisam do trabalho pioneiro. É necessário avançar para os sertões, para as regiões ribeirinhas e para as aldeias do nosso Brasil. Temos de ir aos povos não alcançados em cada recanto da Terra, plantar igrejas onde não existem, dar a nossa contribuição para o desenvolvimento da obra de Deus. Não importa na mão de quem o sonho vai ser realizado. Se for na administração seguinte, o sucessor deve reconhecer a participação de cada um nesse grande empreendimento pelo reino eterno. Se não reconhecer, o que foi investido pelo servo fiel estará armazenado na memória divina.

Nosso ministério é uma partícula no universo do governo divino. Somos apenas cooperadores da majestosa obra do grande Rei. Aceitar quando ele diz que é o outro — e não nós — que fará o que tanto desejamos fazer e para o que temos os recursos é reconhecer que Deus comanda e faz a história nas determinações dos seus planos eternos para o seu povo. O que vale é a nossa contribuição nos empreendimentos do divino.

Traz glória para Deus aquilo que ele faz por meio de quem ele quer fazer, nas apropriadas circunstâncias do contexto universal.

A SUPERABUNDANTE GRAÇA DIVINA MANIFESTA-SE NUM MINISTÉRIO ESPIRITUAL

Cremos que uma das dificuldades enfrentadas pelos cristãos em geral, e especialmente por aqueles que estão no ministério sagrado, é a falta de dependência da suficiência da graça divina, pois é da graça que advêm todas as graças, os dons e a capacitação para o serviço sagrado.

A Palavra nos exorta: "Não recebais em vão a graça de Deus" (2Co 6.1). Tornar a graça inútil é não usufruir da graça. Se ela nos faltar, nos diz Thomas à Kempis: "Atribua o motivo a você mesmo e a seus pecados pessoais, quando essa graça não lhe é dada, ou quando é retirada sigilosamente. Você deve, com toda sinceridade e esforço, buscar a graça da devoção, pedi-la com fervor, esperá-la com paciência e confiança, recebê-la com gratidão, conservá-la com humildade, trabalhar com ela diligentemente".[9]

---

[9] Tomás à Kempis. *Imitação de Cristo*. São Paulo: Shedd Publicações, 2001. p. 205.

O ministério é muito mais do que cumprimento do dever litúrgico, realizações de obras eclesiais, sociais ou missionárias. Assumir cargos e ofícios não representa o empreendimento missionário ou pastoral. O ministério é um estilo de vida em serviço a Deus. Olhando nessa dimensão, o exercício simples dos dons não é suficiente para o desenvolvimento espiritual, porque cada atitude da vida deve ser uma oferta derramada no altar.

Deus, ao incumbir Moisés de conduzir o seu povo, assegurou-lhe a manifestação da sua graça, dizendo-lhe: "Achaste graça aos meus olhos". Achar graça é contar com o favor divino para viver e para morrer; para ser e para fazer; para conduzir-se neste mundo. A consciência da operação da graça nos conduz a uma constante demonstração dela não apenas na forma dos dons carismáticos, mas em suas múltiplas formas; são as manifestações do Espírito Santo em constante operação dessa graça tão necessária para a vida cristã e ministerial.

A vida assume um estilo de doação constante, e todos os nossos atos se misturam com o compromisso de servir integralmente a Deus, servindo ao outro. Para viver nessa dimensão de vida, são imprescindíveis as ações da graça em sua suficiência. A graça se manifesta em várias expressões. Ela tem uma medida de acordo com os propósitos de Deus para cada um. "A cada um de nós foi concedida a graça, conforme a medida repartida por Cristo". (Ef 4.7). A vida do apóstolo Paulo é um parâmetro e modelo para o nosso ministério. Vejamos, de forma muito sintética, como ele demonstrou a ação da graça como fator decisivo em sua vida:

1. Perseverar no ministério com determinação diante dos múltiplos desafios; é a graça da perseverança (2Co 4.1,8-12; Ef 3.13).
2. Só a suficiência da graça capacita o ministro do evangelho a reverter para o progresso do evangelho os sofrimentos físicos, as pressões emocionais, as privações e todo tipo de males, chegando até a se considerar lixo do mundo (1Co 4.9-13; Fp 1.17-18).
3. Só a graça poderia alimentar a esperança da atuação divina pela oração dos irmãos. Encontramos Paulo pedindo oração, porque ele cria que, por ela, a graça divina entra em operação (Fp 1.19; Ef 6.19; Rm 15.30).
4. A graça de manter-se em uma postura de aprendiz. Não apenas a aprendizagem como aquisição de conhecimentos, mas aprender atitudes e valores. Aprender a se adaptar às diversas circunstâncias da vida (Fp 3.12-14; 4.11-12).
5. A graça de conduzir-se irrepreensivelmente diante dos irmãos e da sociedade. "A nossa consciência dá testemunho de que nos temos conduzido no mundo, especialmente no nosso relacionamento com vocês, com santidade [...] de acordo com a graça de Deus" (1Co 1.12).
6. A graça agindo na produção do serviço ministerial. O seu trabalho era ação da graça divina (Rm 15.15-19).

A responsabilidade do líder de se tornar padrão para os seus discípulos é muito séria. Precisamos de modelos que possam falar como Paulo: "Sigam unidos o meu exemplo [...] Ponham em prática tudo o que vocês aprenderam,

O EXERCÍCIO DA ESPIRITUALIDADE NO MINISTÉRIO

receberam, ouviram e viram em mim. E o Deus de paz estará com vocês" (Fp 3.17; 4.9). Mas quem se atreve a se colocar em tal posição se não confiar na ação superabundante da graça divina e depender exclusivamente dela? Que o Senhor nos ajude a usufruir da multiforme graça de Deus, para que possamos, como Paulo, afirmar: "Mas, pela graça de Deus, sou o que sou; e a sua graça, que me foi concedida, não se tornou vã; antes, trabalhei muito mais do que todos eles; todavia, não eu, mas a graça de Deus comigo" (1Co 15.10).

Um ministério produtivo e bem-sucedido é para aqueles que manifestam a superabundante graça de Deus.

Questões para reflexão pessoal ou em grupo, em atitude de oração

1. Como você avalia sua espiritualidade diante dos desafios de cumprir um ministério com as marcas do verdadeiro cristianismo?

2. Você tem aproveitado as oportunidades para o exercício do seu dom?

3. Qual tem sido a sua motivação para o trabalho?

4. Você tem experimentado as providências divinas para o seu sustento?

5. Em que proporções a graça tem sido manifesta em sua vida e em seu ministério?

Cremos que nós, cristãos, temos o intenso desejo de nos assemelhar ao nosso Mestre e de realizar a obra que ele nos confiou. O nosso supremo alvo é servi-lo de forma digna e sermos aprovados por ele em tudo que realizamos para o seu reino eterno. Sendo assim, este conteúdo aqui exposto só tem valor se, de fato, nos propusermos a buscar e a viver uma espiritualidade cristã e genuinamente bíblica, que se autentica na expressão da nossa vida e no nosso serviço a Deus.

OREMOS

Senhor, imitar-te é o nosso desejo, mas como conseguir essa proeza diante das nossas vulnerabilidades? Ajuda-nos a depender do Espírito Santo.

Somos conscientes da tua escolha, mas nos ensine que, antes da chamada para o serviço, somos chamados para reproduzir teu caráter para nos oferecer ao outro como uma dádiva tua, que corresponda à tua pessoa gloriosa.

Senhor, queremos Te amar acima de tudo e de todos, porque queremos servir-te, apenas como prova do nosso amor por Ti!

POSFÁCIO

Acabei de ler este novo livro da Durvalina Bezerra, cheio de reflexões abençoadas e despertadoras, como o primeiro, *A missão de interceder: oração na obra missionária* (Editora Descoberta, 2001). Ela acertou em cheio ao trazer luz sobre o tema "espiritualidade", que está sendo muito discutido em nossos dias.

Espiritualidade é um assunto importante, pois somos basicamente pragmáticos e ativistas. Ficamos satisfeitos com uma vida espiritual que se resume em cinco minutos ajoelhados ao lado da cama antes de dormir, ou frequentar a igreja uma vez por semana, ou trabalhar para Deus sem relacionamento com ele. Nas orações que fazemos, muitas vezes jorramos palavras em direção a Deus como uma queda d'água, mas sem ouvi-lo, sem ficar quietos na presença dele, sem temor, sem disposição em obedecer ao que ouvimos, sem buscá-lo no que ele é — descrito tanto na Palavra. Cantamos, emocionados, dizendo que o louvamos, amamos e servimos, mas, longe da igreja, do culto e dos amigos, encontramo-nos longe dele também e pouco preocupados se o estamos agradando ou não.

Talvez por essas razões surgiu um movimento de pessoas que falam e escrevem sobre seus conceitos de verdadeira espiritualidade. No entanto há cuidados a serem tomados em aceitar tudo que se fala, algo de que Durvalina trata ao longo do texto. Às vezes a espiritualidade é tida como uma experiência mística, subjetiva, divorciada das verdades objetivas (bíblicas) e da ética cristã (discipulado). O indivíduo faz retiros, reflete em silêncio, busca significado em símbolos, mas sem mudança de caráter e de comportamento no resto da vida. Talvez isso aconteça porque reforça nossa cosmovisão grega da separação entre material e espiritual. "Espiritualidade" não tem nada a ver com o cotidiano material ou as posses que temos e devemos usar para a glória de Deus e o cumprimento da vontade divina.

Ligado a isso está o perigo de entrar numa separação do mundo seguindo o tipo do monasticismo medieval. O sentido é de se retirar do mundo para evitar a sujeira, as tentações e os relacionamentos que minam a atenção. Seria interessante comparar o monasticismo católico com o dos celtas entre 500 e 900. Esse movimento era altamente missionário — os mosteiros eram centros de treinamento missionário para toda a comunidade cristã celta, levando a uma expansão rápida, e quase sem comparação, para a Europa e as ilhas britânicas.

Há também o perigo de supervalorizar a espiritualidade, seja qual for a origem dela — islamismo, hinduísmo, animismo; que o sentimento da pessoa é que é importante, não o conteúdo do que crê.

Finalmente, quero parabenizar Durvalina por nos dar neste livro diretrizes valiosas de como construir a espiritualidade bíblica, lembrando-nos constantemente de que não é feitura nossa, mas uma resposta ao amor e à busca de Deus em nossa direção. É entrar pelo acesso aberto por Jesus Cristo na cruz à presença do próprio Deus criador, soberano e Rei absoluto. Espiritualidade é deixar-se ser alcançado por Deus em toda graça e misericórdia dele. É a humildade do perdão e de nova vida, inclusive eterna, sem merecimento pessoal. É seguir o novo Mestre aonde ele nos leva, no cotidiano e no ministério que ele quer realizar por meio da nossa vida.

BARBARA HELEN BURNS
Missionária, doutora em Missiologia, coordenadora
da Escola de Missões Transculturais da Missão Juvep,
em João Pessoa (PB)

SOBRE A AUTORA

Durvalina Barreto Bezerra é formada em Teologia pelo Betel Brasileiro e em Pedagogia pela Universidade Federal da Paraíba. É mestre em Educação pela Universidade Mackenzie e licenciada em Missiologia pela WEC. Diretora do Centro de Educação Teológica e Missiológica Betel Brasileiro, é professora visitante de vários centros de preparo missionário e conferencista. Conselheira do Movimento de Mulheres em Ministério e do Movimento Tirzah no Brasil, compõe o Conselho de Referência da Aliança Evangélica Brasileira. Autora e coautora de vários livros, é membro da Igreja Evangélica Congregacional no Bessa, em João Pessoa (PB).

Conheça outras obras da GODbooks

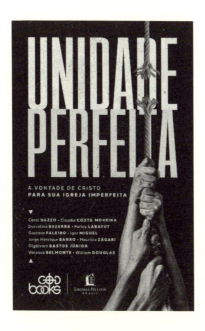

UNIDADE PERFEITA

Durvalina Bezerra, Maurício Zágari, William Douglas, Igor Miguel, Carol Bazzo e outros

Em *Unidade perfeita*, onze autores de diferentes linhas do cristianismo refletem sobre os benefícios que advêm da unidade do corpo de Cristo e os malefícios decorrentes do sectarismo em áreas que vão desde a santidade pessoal e a influência da igreja na sociedade até os esforços missiológicos, acadêmicos e evangelísticos.

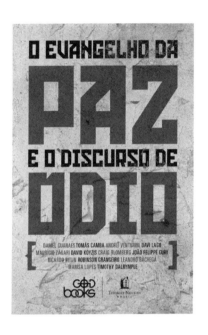

O EVANGELHO DA PAZ E O DISCURSO DE ÓDIO

David Koyzis, Craig Blomberg, Timothy Dalrymple, Robinson Grangeiro, Davi Lago, Maurício Zágari e outros

Três pensadores norte-americanos, um africano e nove brasileiros oferecem um diagnóstico preciso de como os cristãos têm agido em dias de polarização e ódio, propõem tratamentos e indicam um prognóstico, à luz da Bíblia. A constatação é unânime: algo não está certo, e alguma atitude precisa ser tomada. Acomodar-se não pode ser o caminho, pois significa tornar-se cúmplice — quando não promotor — de um estado de coisas que confronta a mensagem da cruz.

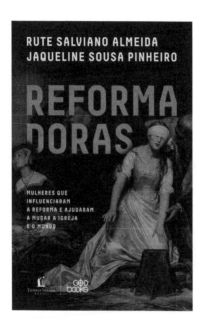

REFORMADORAS
Rute Salviano Almeida e Jaqueline Sousa Pinheiro

Reformadoras faz um brilhante trabalho de resgate da memória de filhas de Deus que devotaram a vida à causa do evangelho de Cristo e deram uma contribuição inestimável a um dos movimentos mais importantes da trajetória da Cristandade: a Reforma Protestante. Essas servas do Senhor entregaram por amor a Cristo o intelecto, o coração, o tempo, os esforços e até a própria vida, a fim de cumprir a grande comissão e levar o povo de Deus à maturidade espiritual.

UM CLAMOR POR UNIDADE E PAZ NA IGREJA

John Bunyan

No mundo da era digital, quando as redes sociais e outras mídias amplificaram a amarga voz de pessoas agressivas e sectárias que trafegam pelos corredores das igrejas, ouvir a voz de John Bunyan é mais que um bálsamo: é uma urgência. Neste livro, o autor de *O peregrino* conclama os cristãos a priorizar a unidade pelo que têm em comum em vez de se atacar pelo que têm de diferente.

AVIVAMENTO — OBRA EXTRAORDINÁRIA DE DEUS
Augustus Nicodemus

Neste livro definitivo sobre o assunto, Augustus Nicodemus usa de rigor na exposição da Palavra de Deus para desvendar o significado preciso e escriturístico de avivamento bíblico e combater todo ensinamento equivocado sobre o assunto. A obra, que conta com prefácio de Hernandes Dias Lopes, faz uma profunda análise sobre o sentido correto desse fenômeno tão desejado por todo cristão: o avivamento bíblico.

A VERDADEIRA BATALHA ESPIRITUAL
André Schalitt

Muitos erros e absurdos têm sido ensinados sobre batalha espiritual, maldição hereditária, cobertura espiritual, retaliação demoníaca e doutrinas semelhantes. Neste livro, que tem prefácio de Hernandes Dias Lopes e Josué Valandro Jr., a verdade do evangelho destrói de forma definitiva todo engano sobre a guerra espiritual — que é real, mas precisa ser vivida de forma correta e bíblica.

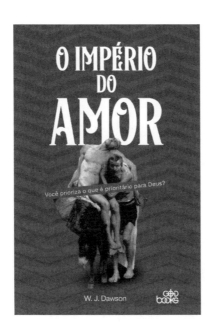

O IMPÉRIO DO AMOR
William James Dawson

Um livro imprescindível para líderes cristãos! O pastor W. J. Dawson deu uma guinada surpreendente em seu ministério quando descobriu o verdadeiro sentido do amor. A obra remete a um profundo senso de temor ao Senhor, piedade e devoção ao próximo, e chama a uma importante reflexão sobre o papel do amor na vida do cristão. O autor mostra que, mais do que um conceito, o amor bíblico é uma prática revolucionária e transformadora.

O IMPACTO DA HUMILDADE
Wilson Porte Jr.

Com o objetivo de chamar a atenção para quão desejável é a humildade e quão terrível é o pecado do orgulho, Wilson Porte Jr. apresenta, com base nos momentos decisivos da vida de Cristo, uma análise primorosa de como a arrogância é diabólica e como a humildade é divina e celestial e, por isso, precisa ser perseguida a todo custo. Uma leitura profundamente transformadora, com prefácio de Jonas Madureira.

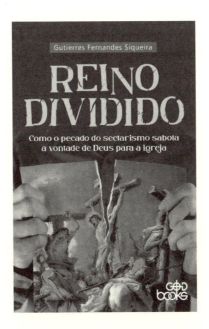

REINO DIVIDIDO

Gutierres Fernandes Siqueira

Muitos são os grupos, as práticas e as crenças que separam os membros do corpo de Cristo. Se ter divergências faz parte da natureza humana, qual seria a forma bíblica de lidar com elas? Promovendo unidade na diversidade ou sectarismo exclusivista? É o que Gutierres Fernandes Siqueira responde em *Reino dividido*.

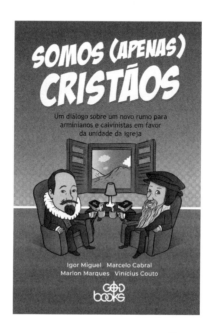

SOMOS (APENAS) CRISTÃOS

Igor Miguel, Marcelo Cabral, Marlon Marques e Vinícius Couto

É possível calvinistas e arminianos viverem em unidade e paz? Neste livro, mais do que oferecer palavras e conceitos, os autores — dois calvinistas e dois arminianos — provam, na prática, que é perfeitamente possível filhos de Deus conviverem e colaborarem de forma harmônica e produtiva, apesar de discordar em alguns aspectos da fé, rejeitando o sectarismo e o narcisismo teológico.

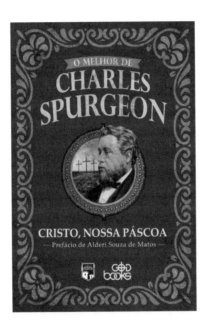

O MELHOR DE CHARLES SPURGEON — CRISTO, NOSSA PÁSCOA

Charles Spurgeon

Este primeiro livro da coleção *O melhor de Charles Spurgeon* é formado pela união de dois sermões pregados por Spurgeon, em 1855, na New Park Street Chapel, em Londres. São duas mensagens que, juntas, formam uma bela unidade e se complementam, ao apontar Jesus como o nosso Cordeiro Pascal.

Adquira, em e-book ou impresso, nas melhores livrarias ou em www.godbooks.com.br

Siga-nos nas redes sociais: @editoragodbooks

Este livro foi impresso pela
Eskenazi para a Thomas Nelson Brasil
em parceria com a GodBooks.
A fonte usada no miolo é Cambria no corpo 11.
O papel é pólen natural 80g/m².